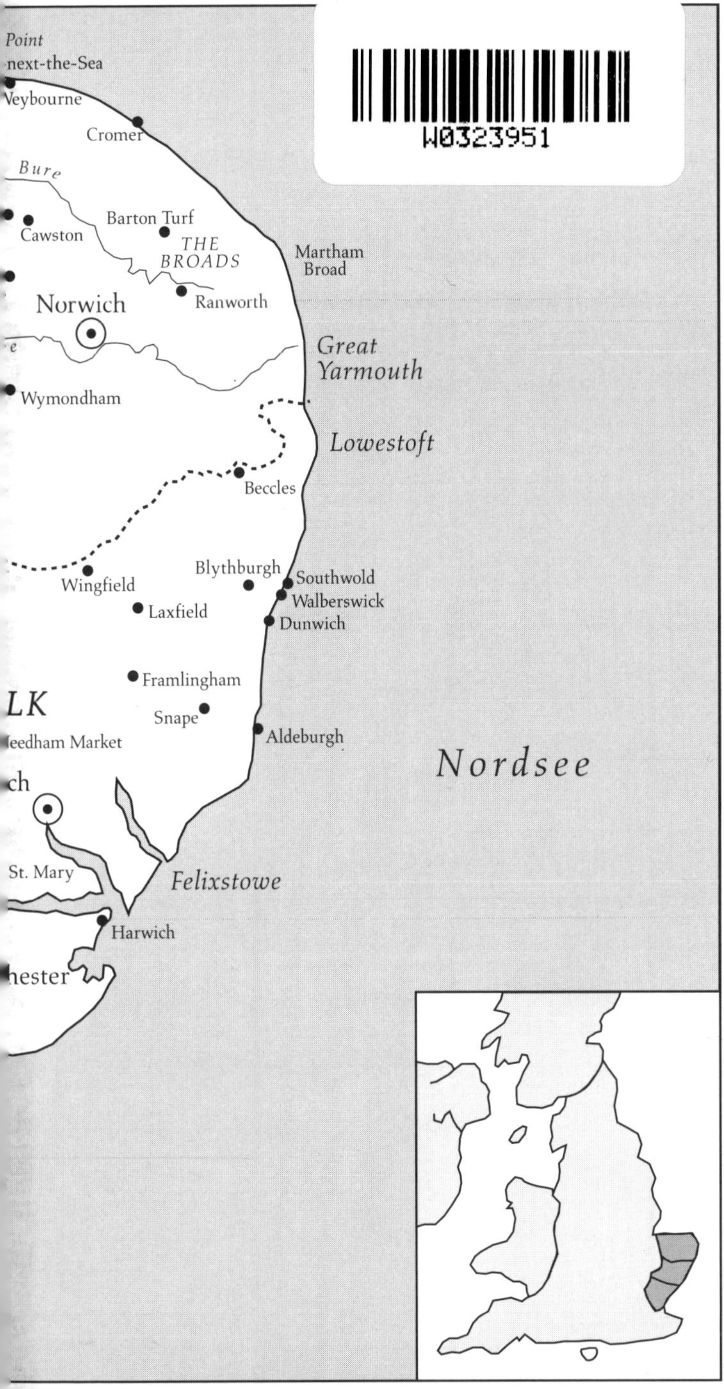
Point
next-the-Sea
Cromer
Bure
Barton Turf
Cawston
THE BROADS
Martham Broad
Norwich
Ranworth
Great Yarmouth
Wymondham
Lowestoft
Beccles
Blythburgh
Southwold
Wingfield
Walberswick
Laxfield
Dunwich
Framlingham
Snape
Aldeburgh
Nordsee
St. Mary
Felixstowe
Harwich

S

Peter Sager
Englische Landschaften

Unterwegs in Suffolk und Norfolk

Schöffling & Co.

Für Elle und Laura

Erste Auflage 2001

Satz: Reinhard Amann, Aichstetten
Druck & Bindung: Pustet, Regensburg
Karte: Karin Wirth, Bad Wurzach
ISBN 3-89561-575-7

Inhalt

»Come! Come! Come! ye admirers of Beauties . . . !«

John Sell Cotman, 1804

O Kersey, o Cavendish

Noch steht die Kirche im Dorf

O Kersey und Cavendish, Fressingfield und Finchingfield, Little Easton und Great Snoring, o Debenham, Lavenham, Long Melford, o ihr Dörfer East Anglias! Kein größeres Vergnügen, als über Land zu reisen von Dorf zu Dorf, von den wenigen überlaufenen, herausgeputzten *Best Kept Villages* in die vielen unscheinbaren, vergessenen, verlorenen Dörfer der Countryside. In Kersey schwimmen die Enten mitten auf der Straße, die als Furt durch den Dorfbach führt. In Long Melford ist die Dorfstraße eine veritable Antiquitätenmeile. In Lavenham habe ich schönstes Fachwerk des Mittelalters gesehen, im alten Pfarrhaus von Great Snoring wahrhaft lukullisch gegessen, auf dem Dorfanger von Cavendish einfach nur im Gras gelegen.

Countryside ist nicht reine Natur, sondern bewohnte, bewirtschaftete, geschichtlich gewachsene Landschaft. Dörfer gehören zur Countryside wie der Pub zum Dorf und Gewürzzwiebeln zum *Ploughman's Lunch.* Es gibt etwa 13 000 Dörfer in England. Viele, wenn nicht die meisten haben ihren Ursprung in der feudalen Güterwirtschaft, die sich im angelsächsischen England entwickelte. Viele der heutigen Dörfer existierten also bereits vor der normannischen Eroberung von 1066. Und viele sind längst wieder verschwunden, entvölkert von Pest und Landflucht im Mittelalter, bis auf eine einsame Kirche irgendwo in den Feldern, zum Beispiel in Longham in Norfolk. East Anglia hat eine der dichtesten, am reichsten differenzierten Dorflandschaften Englands.

»Even more than Big Ben or Westminster Abbey the English village is the visual symbol of our way of life.« So beginnt John Hadfield seine Anthologie englischer Dörfer. Der Schriftsteller Ronald Blythe aus Suffolk spricht sogar von einem »nationalen Dorf-Kult«, »the almost religious intensity of the regard for rural life in the country«. Ronald Blythe veröffentlichte 1969 *Akenfield*, das klassische Porträt eines englischen Dorfes. »Akenfield ist genau die Gegend, wo ein Engländer sich immer berechtigt und verpflichtet fühlt zu leben. Es ist offenkundig das wahre Land, unberührt und echt. Ein heiliger Ort, wenn man sein halbes Leben im Ausland gearbeitet hat. Schon seine Geräusche sind feierlich, hieratisch; Lerchen, Turmuhren, Bienen, Traktorengebrumm. Selten der Klang einer menschlichen Stimme.« Akenfield ist überall, ein Ort der englischen Seelenlandschaft, ein mythischer Topos mit einem höchst realistischen Vorbild: Grundisburgh, ein Dorf in Ost-Suffolk mit damals knapp 300 Einwohnern (heute mehr als zehnmal soviel). In exemplarischen Selbstaussagen protokollierte Ronald Blythe, wie sie leben und denken: Landarbeiter, Obstpflücker, Dorflehrer, Dachdecker, Schmied, Sattler, Schäfer, Schweinezüchter, Tierarzt, Pfarrer und Totengräber. *Akenfield* ist die Biografie eines englischen Dorfes der sechziger Jahre. Doch schon zwanzig Jahre später gab es dieses Akenfield nicht mehr.

Was gehört zu einem echten englischen Dorf? Pfarrkirche, Pfarrhaus und davor eine Zeder des Libanon; Dorfanger und Dorfschule, ein Teich oder ein klarer Bach; ein oder zwei Läden, mindestens ein Pub, wo es einheimisches Bier gibt; in gemessener Entfernung vielleicht noch das Tudor-Herrenhaus des Landlords. Ein wirklich gutes Dorf hat eine Cricket-Mannschaft, ein Team von Glöcknern und eine Amateurtheatergruppe. Und heute? Die Kirche aufgelassen (*redundant*), in der *Old Rectory* ein Restaurant, in der Dorfschule ein Kunsthandwerkeratelier, der Teich zugeschüttet, der Dorfanger ohne eigenes Cricket-Team, der kleine Laden ersetzt durch einen Supermarkt. Das Dorf ist noch da, sogar schmucker denn je; aber irgendwie ist alles anders.

In vielen Dörfern Ostenglands sind Pendler und Rentner eingezogen, *townies*, die sich ihren Traum vom Landleben erfüllen, und sei es nur am Wochenende. Heute gibt es zwei Nationen in einem Dorf: wohlhabende Zugereiste neben verarmten Einheimischen. »Two-nation countryside« nennt das der Soziologe Howard Newby von der Universität Essex. Die Mehrheit der Landbewohner ist nicht mehr in der Landwirtschaft beschäftigt und um so eifriger bemüht, ihr Dorfideal zu bewahren und jede Veränderung zu verhindern. Die ländliche Idylle wird zur Vorstadt-Pastiche, das Dorf zum Schlaf- und Altersheim. Für junge Leute wird es immer schwieriger, im Dorf ihrer Eltern Arbeit und Wohnung zu finden. Die Hauspreise steigen, die Ärmeren ziehen in Sozialsiedlungen am Dorfrand, die Jungen ziehen weg in die Stadt. Die Dorfschule schließt, dem Dorfladen fehlen die Kunden, dem Pfarrer die Gemeinde, dem Fußballklub der Nachwuchs. In vielen Dörfern lebt heute schon die letzte Generation von Einheimischen. Die *Village halls*, Symbole des ländlichen Gemeindelebens, dämmern vor sich hin und verrotten.

Alarmierende Zeichen, gewiß. Aber anders als der Verfall der Innenstädte in den achtziger Jahren macht die Auszehrung der Dörfer keine Schlagzeilen. Noch steht die Kirche im Dorf und am Dorfanger ein stolzes Ortsschild. In East Anglia gibt es besonders viele und besonders schöne *Village signs*, manche aus Schmiedeeisen, die meisten holzgeschnitzt, bunt bemalt mit Szenen und Figuren. Nicht wenige stammen von einem Lehrer, Harry Carter aus Swaffham. Er wurde in den fünfziger Jahren bekannt, als er einigen Dörfern auf den königlichen Gütern von Sandringham zur Krönung der Queen ein Ortsschild lieferte. Andere Dörfer wollten andere Ereignisse oder Ortsheilige feiern, und immer schnitzte Harry das Gewünschte: die Zisterzienser in Sibton, den *Peddlar* in Swaffham und den Figurenbalken über der High Street von East Dereham, die Legende der heiligen Withburga. Mein Favorit steht im Lavendeldorf Heacham, das Porträt einer Frau mit Federhut und Spitzenkragen. Sie hieß Pocahontas und war die Tochter eines Indianerhäuptlings des 17. Jahrhunderts. Pocahontas rettete einen Kapitän aus King's Lynn vor dem Marterpfahl, segelte mit ihm nach England und heiratete den Kaufmannssohn John Rolfe. Drei Jahre später, mit 22, starb die schöne Pocahontas in Heacham.

Engeldecken, Schattenfüßler

Church-crawling in Suffolk

Als ich vor Jahren einmal im Maison Talbooth in Dedham übernachtete, fand ich in meinem Zimmer einen Begrüßungsbrief, nicht etwa vom Hotelmanager, sondern von Reverend Sharp, dem Pfarrer von Stratford St. Mary: »You will see before you a typically English scene. It is a lovely view over the Stour Valley.« Jenseits des Flusses, erklärte der Pfarrer, sehe man eine Kirche, die John Constable oft gemalt habe, die Perpendicular-Kirche St. Mary. »You would be very welcome to join us at any time. Sincerely yours, M. H. Sharp.« So typisch englisch wie der Blick aus meinem Fenster war auch diese Mischung von Countryside, Kunst und Kirche. Bei Gott, Hochwürden Sharp verstand sein Handwerk.

Englands Dorfkirchen gehören zur Landschaft wie die Eichen zur Countryside. Wie sehr sie jenseits aller Religion zu den Fixpunkten der Landschaft und der Gesellschaft zählen, zeigt der Begriff *Steeplechase*: dem ursprünglichen Wortsinn nach eine Jagd zu Pferde von einem Kirchturm (*steeple*) zum nächsten, ein Hindernisrennen über Hecken, Bäche und Gräben – ein Sport, wie er nur in einem so idealen Feld- und Hügelgelände wie dem englischen entstehen konnte, dessen zahlreiche Kirchen auch für dieses irdische Vergnügen, das *steeplechasing*, bestens geeignet waren. Englands Dorfkirchen sind Spiegel der Volksfrömmigkeit und des Patriotismus, des ländlichen Alltags und der nationalen Ereignisse.

Du trittst durch das *lych gate*, das überdachte Friedhofstor, unter dem man früher den Sarg absetzte, um den Priester zu erwarten, du gehst an den Gräbern vorüber zur Kirche, denselben Weg, den Generationen gegangen sind, jahrhundertelang, zu Gebeten und Gesängen, zur Predigt, zur Heirat, zur Taufe, zum Tod. Über die ausgetretene Schwelle betrittst du den kühlen, dämmrigen Raum. Es riecht anglikanisch, nach Wachspolitur, feuchtem Gemäuer und frischen Narzissen. Meist bist du in diesen Dorfkirchen allein mit dem schweren Ticken der Turmuhr, dem knarrenden Sparrenwerk, dem Summen der Fliegen an den viktorianischen Fenstern. Manchmal, *lovely church isn't it*, spricht dich eine der unermüdlichen Frauen an, die immer irgendwo Messing putzen oder Blumen arrangieren oder Bänke polieren, den fremden Besucher dabei diskret im Auge behalten und im übrigen froh sind über ein kleines Schwätzchen im Haus des Herrn. Sie sind Gold wert, diese Kirchenfrauen, ohne sie könnte der Pfarrer dichtmachen. Leider sind inzwischen tatsächlich mehr und mehr Dorfkirchen abgeschlossen. »Kürzlich wurde uns eine Botticelli-Kopie gestohlen, nur des kostbaren Rahmens wegen«, klagte der Pfarrer von Stebbing, »gold frames are in.« Und gab mir, arglos, den Schlüssel von St. Mary. In Loddon, einem Dorf zwischen Norwich und Beccles, schickte mich der Pfarrer ins Postamt, um den riesigen Kirchenschlüssel zu holen; ich bekam ihn nur gegen Hinterlegung meines Ausweises. »Sorry, wir hatten soviel Vandalismus in unserer Kirche, *after lunch-time vandalism*, *all sorts of things.«* Einmal, erzählte der Pfarrer von Loddon, hatten Rowdies unter einem Sarg, der in Holy Trinity aufgebahrt war, mit Gebetbüchern ein Feuer gemacht, »ich konnte es gerade noch löschen«.

»Halloa! Here's a church! ... Let's go in!« läßt Dickens seinen Mr. Wemmick in *Great Expectations* ausrufen. Wie gerne folgen wir diesem Ruf. Wenn wir die eine Kirche verlassen, ist immer schon die nächste, wie beim *steeplechasing*, am Horizont zu sehen, und meistens nicht nur eine. Ich weiß nicht, wie viele Kirchen ich in East Anglia besucht habe; es müssen Hunderte gewesen sein. Viele hundert mehr bleiben Ihnen und mir noch zu entdecken. *Church-crawling* kann eine Leidenschaft werden. Der Architekturfotograf Edwin Smith und der Schriftsteller John Betjeman verfielen ihr zeitlebens ebenso wie der Maler John Piper und sein Freund Benjamin Britten, der für die wunderbaren Dorfkirchen rings um Aldeburgh eigens drei »Kirchenparabeln« komponierte. Auch die Krimi-Autorin P. D. James hat eine Vorliebe für *church-crawling*: »Ich sah die Gebetbücher, roch Weihrauch und hatte eine Vision von zwei ermordeten Körpern. Mein Gott, dachte ich, über diese Kirche werde ich schreiben.« Das tat sie in ihrem Detektivroman *A Taste For Death* (*Der Beigeschmack des Todes*), der damit beginnt, daß Miss Emily Wharton in der Sakristei ihrer Pfarrkirche zwei Leichen findet, einen bekannten Politiker und einen Penner, beide mit durchschnittener Kehle. Auch damit muß man beim *church-crawling* rechnen.

»What would you be, your wide East Anglian sky,/without a church tower to recognise you by?« schrieb der Poet Laureate John Betjeman.

Suffolk und Norfolk haben zusammen weit über tausend Kirchen aus der Zeit vor der Reformation, von späteren gar nicht zu reden. Die großen *wool churches* der Weberdörfer von Suffolk, die reetgedeckten Flintkirchen der Marsch und der Küstendörfer Norfolks, die Fachwerk- und Schindeltürme von Essex: Einen ähnlichen Reichtum normannischer und gotischer Kirchen wie in Ostengland gibt es nur noch in Somerset. Auch wer die wenigen erhaltenen Zeugnisse angelsächsischer Architektur studieren will, findet in East Anglia mehr Beispiele als irgendwo sonst in England. Man sollte nicht nur die herausragenden, immer wieder mit Recht gepriesenen Paradekirchen besuchen, sondern auch einige der vielen hundert anonymen Dorfkichen. Sie ähneln sich alle, und doch ist jede anders und eigen. Mal ist es die Architektur, mal die Atmosphäre oder allein die Lage, die uns begeistern, hier die Maßwerkfenster, dort die Glasmalereien, Details wie ein Taufbecken, filigrane Chorgitter, burleske Gestühlswangen, ein Grabmal, ein einziger Schlußstein im Gewölbe oder auch nur die Stille und der kühle Schatten eines Kirchenschiffs an einem Sommertag.

Silly Suffolk, »seliges Suffolk«, nannte man diese Grafschaft einmal, wegen ihrer vielen Kirchen. In Suffolk traf ich einen pensionierten Metzger, der mir alles über *Round tower churches* erzählte, ein Spezialist für Rundtürme. In Sculthorpe, tief in Norfolk, schloß mir der Totengräber die Kirche auf (»Oh, that's funny, two Germans in one week«), eine unscheinbare Dorfkirche mit einem prächtigen normannischen Taufbecken und Glasmalereien von Burne-Jones und Morris. Ähnlich überraschend der *doom* von Wenhaston in Suffolk: das Jüngste Gericht, um 1480 auf Holzplanken gemalt, ursprünglich im Chorbogen der kleinen Kirche angebracht, wo die Gläubigen drastisch vor Augen hatten, was ihnen dereinst blüht, wenn Christus auf dem Regenbogen zu Gericht sitzt, der heilige Michael die Seelen wägt und die Hölle, ein riesiges Fischmaul, die Verdammten gnadenlos verschlingt. Mag dies auch eher grell schockierend gemalt sein als künstlerisch differenziert, so ist es doch ein eindrucksvolles Zeugnis der religiösen Plakatkunst des Mittelalters.

Weit über provinzielles Niveau hinaus reichen die Engeldecken von East Anglia: Dachgestühle, deren Stichbalken und Scheitelrippen mit holzgeschnitzten Engeln verziert sind, als trügen sie mit ausgebreiteten Flügeln schwerelos die ganze Last des Kirchendachs auf ihrem Rücken. Engeldecken sind Gleichnisse des Himmelszelts, krönende Ornamente der englischen Holzbauingenieure des Mittelalters. Ihre schönsten Beispiele hinterließen sie in Suffolk und Norfolk, in den Kirchen von Blythburgh, Bury St. Edmunds, Mildenhall, Earl Stonham und Needham Market, Cawston und Knapton, Swaffham und Wymondham. Zu dieser Gruppe ostenglischer Engeldecken zählt auch die von March in Cambridgeshire, die triumphalste von allen.

Auch wo keine Engel über dem Kirchenschiff schweben, gibt es in East Anglia brillante Stichbalkendecken. »Holz«, schreibt Ronald Blythe, »ist das natürliche Material der Engländer, um Zweckmäßiges in würdiger Form zu gestalten.« So sind die Miserikordien, barmherzige Sitzgelegenheit für müde Mönche, mit ihren geschnitzten Figuren und Szenen vollendete Beispiele für die Kunst, Bequemlichkeit und Haltung, das Heilige und das Derbe aufs praktischste und schönste zu verbinden. Im Chorgestühl von Norwich Cathedral legt ein Mönch einen Domschüler übers Knie: eine der mehr als 60 geschnitzten Miserikordien des 15. Jahrhunderts.

Für die Virtuosität der Holzschnitzer boten auch Gestühlswangen gute Gelegenheit, ihrer Phantasie in Gottes Namen freien Lauf zu lassen. Zum Beispiel in St. Mary in Dennington. Nicht nur Laubwerk, auch Vögel und Figuren mit mythologisch-symbolischer Bedeutung bekrönen die 76 Gestühlswangen in verschwenderischer Fülle. Spezialisten steuern gleich eine Bankreihe rechts im Hauptschiff an, ein unscheinbares, überaus rares Schnitzwerk, den kuriosen *sciapod.* Der Schattenfüßler, wie dort zu sehen, ist ein langhaariges, bärtiges Wüstenwesen aus Libyen, das gern auf dem Rücken liegt, seine Riesenfüße als Sonnenschirm über sich hält und dabei gemächlich seine Beute verzehrt. Solche Skiapoden, in unseren Breiten eher ungewöhnlich, waren dem heiligen Augustinus und dem mittelalterlichen Denken noch ein mythisch-anschaulicher Begriff. Heute fristen die letzten Skiapoden ein ihrer Art durchaus gemäßes Schattendasein in einigen französischen Kirchen. Einziger englischer Vertreter, von wenigen Bibliotheksexemplaren abgesehen, ist der Schattenfüßler von Dennington. Für solche Offenbarungen nehmen *church-crawling*-Enthusiasten jeden Umweg in Kauf.

Zwei meiner Lieblingskirchen liegen weitab in den Feldern von Norfolk, in Cawston und Salle. St. Agnes in Cawston hat eine grandiose Stichbalkendecke mit Maßwerk-Zwickeln, Engeln und Heiligen, spätgotische Chorschranken mit 20 Figurenpaneelen und eine *Plough Gallery.* In trauter Nachbarschaft mit dem Kneipenschild der einstigen Plough Inn und einem Totenkarren steht dort ein Eisenpflug, der an einen alten ländlichen Brauch erinnert. Am *Plough Monday,* dem Montag nach Dreikönig, wurde ein Pflug in die Kirche geschafft und gesegnet, mit Fürbitten für ein gedeihliches Erntejahr. Nicht weit entfernt, im Schatten hoher Bäume, abseits des Dorfes liegt die Perpendicular-Kirche von Salle. Auch dort gibt es den symbolischen Pflug, einen Sieben-Sakramente-Taufstein mit einem gotischen Baldachin, Miserikordien im Chorgestühl und Grabplatten aus Messing. Im frühen 15. Jahrhundert wurde diese *wool church* gebaut, schon damals viel zu groß für eine Gemeinde von kaum mehr als 200 Seelen (heute nur noch 50). In dieser lichten, schönen Kirche begann im Sommer 1989 eine neue Konzertreihe unter der Schirmherrschaft von Prinz Charles: »Music in Country Churches«.

Auch Hochwürden Copley, der Pfarrer von Wangford in Suffolk, hat vor einigen Jahren ein Musikfestival gegründet, das in seiner und anderen Dorfkirchen der Umgebung stattfindet, inspiriert vom Erfolg der überaus beliebten Kirchenkonzerte des Aldeburgh Festivals. So entstand eine neue Musikkultur in der ostenglischen Provinz, mit einheimischen Ensembles und Gastspielen bekannter Orchester und Solisten. Wie wunderbar klingen und leben da die schönen alten Kirchen, die Gott und seine Organisten seit langem nicht mehr füllen.

Weniger als zwei Prozent aller Engländer gehen noch zur Kirche. Der Verfall der traditionellen Dorfgemeinschaft und der ländlichen Pfarrgemeinden sind zwei Strophen desselben Requiems. So wie der Dorflehrer verschwand, als die Zwergschule schloß, so zog auch der Landpfarrer aus seiner viel zu großen *Old Rectory* aus, zunächst in einen Billig-Bungalow am Ortsrand, bis er gänzlich eingespart wurde, Frührentner der Church of England, die seinen Sprengel mit ein paar anderen Rumpfgemeinden zusammenlegte. Sela, Psalmenende. Was blieb, waren die leeren Kirchen.

Es gibt Tausende kleiner und großer Pfarrkirchen in England, etwa 17000 insgesamt, über zwei Drittel davon auf dem Land. Natürlich stehen sie nicht alle leer. Aber Jahr für Jahr werden mehr Kirchen aufgelassen, anderweitig genutzt oder abgerissen. In den letzten 30 Jahren hat die Church of England rund 2000 ihrer Kirchen aufgegeben, ein Viertel davon abgerissen. Die heiligen Steine sind Mühlsteine geworden, immer größerer Ballast für immer kleinere Gemeinden. Restaurierungsnotruf und Geldspendenthermometer gehören heute zum Inventar der Kirchen wie Kanzel und Altar. Hier das Dach, dort der Turm, etwas bröckelt immer. Ein Trainer aus Newmarket stellte 1986 sein Rennpferd St. Wendred samt aller Preisgelder dem Pfarrer von Exning für ein Jahr zur Verfügung, zugunsten der Restaurierung seiner Dorfkirche: die erste englische Kirche mit eigenem Rennpferd.

Jährlich werden mehr als 150 Millionen Mark für die Restaurierung von Pfarrkirchen in England ausgegeben, im Kampf gegen Holzwurm und Steinfraß, Gleichgültigkeit und Vandalismus. Nur wenige herausragende Kirchen bekommen von *English Heritage* staatliche Zuschüsse zur Restaurierung; die vielen anderen, oft ebenso wertvollen Gebäude gehen leer aus. Kein Wunder, daß die Church of England plant, Hunderte weiterer Kirchen zu schließen. Alternativnutzung ist rar, nicht jede Hilfe willkommen. So bot eine Gemeinde bei Los Angeles an, eine 600 Jahre alte aufgelassene Kirche in Lincolnshire Stein für Stein nach Amerika zu verschiffen und dort wieder aufzubauen. Indes gibt es den *Churches Conservation Trust*: keine Lösung, aber ein Lichtblick.

Diese Stiftung wurde 1969 gegründet, um Kirchen zu erhalten, in denen kein Gottesdienst mehr stattfindet, die aber von historischem oder architektonischem Interesse sind. Der *Churches Conservation Trust* hat ein Fünf-Jahres-Budget von rund 30 Millionen Mark; 60 % werden vom Staat finanziert, 40 % von der Church of England, dazu kommen private Spenden. Gegenwärtig betreut die Stiftung mehr als 250 Kirchen, darunter solche Juwelen wie All Saints in Icklingham und die entlegene Küstenkirche von Covehithe. Einige dieser *Redundant Churches* werden gelegentlich noch für Gottesdienste genutzt, andere für Konzerte oder Ausstellungen. Die verwaisten Kirchen haben eine eigene, seltsam anrührende Atmosphäre, halb vertraut und doch sehr fremd, eine Aura von Verlassenheit und Geborgenheit zugleich. Sie gehören zur Landschaft, so natürlich und scheinbar dauerhaft wie diese selbst, Leuchttürme ohne Besatzung, die ihre Botschaft funken, Signale eines noch nicht ganz erloschenen Glaubens.

Viele mögen ohne Kirche auskommen, einen Friedhof brauchen wir alle. Eines der klassischen Gedichte der englischen Literatur ist Thomas Grays *Elegy Written in a Country Churchyard* (1751). Dorffriedhöfe *sind* Elegien, in England mehr als irgendwo sonst. Doch die Gemeinplätze der Melancholie sind auch Gärten der Erholung, ein Stück Lokalgeschichte in Stein, voll von verblichenen Namen und Nachrichten aus der Provinz. Unterwegs in East Anglia habe ich immer wieder Dorffriedhöfe aufgesucht, wenn ich etwas über die Eigenart einer Gegend erfahren oder einfach nur ausruhen wollte. »There is nothing half so green that I know anywhere, as the grass of that churchyard; nothing half so shady as its trees; nothing half so quiet as its tombstones«, schreibt Dickens über den Friedhof von Blunderstone, Geburtsort seines Helden David Copperfield. Als Vorbild des fiktiven »Blunderstone« wählte er ein Dorf bei Lowestoft, Blundeston in Suffolk.

Ein englischer Friedhof, schätzt der Landschaftshistoriker Oliver Rackham, enthält durchschnittlich wenigstens 10 000 Leichen. Deren Phosphat kommt vor allem Brennnesseln und Kerbel zugute. Auf alten Dorffriedhöfen gedeihen Himmelsschlüssel und Frauenhaar, Orchideen und Echtes Labkraut (*lady's bedstraw*), bis zu 100 Arten von Wiesenblumen, Kräutern und Farnen, auf Grabsteinen und Friedhofsmauern bis zu 100 verschiedene Moose und Flechten; manche sind andernorts längst ausgestorben. Der friedliche Wildwuchs lockt Vögel, Käfer, Insekten, Schmetterlinge. Der Totenacker lebt und blüht in ungeahnter Fülle, eine Natur-Oase inmitten der bedrohten Landschaft. Doch haben mehr und mehr ländliche Gemeinden den fatalen Ehrgeiz, ihren überwachsenen Friedhof zum *Best Kept Churchyard* herauszuputzen. Die alten Steine werden abgeräumt und an den Seiten säuberlich aufgereiht, rechtwinklige Beete angelegt, Herbizide gespritzt, der Rasen golfplatzkurz getrimmt. Solches Treiben hat das umweltbewußte *Churchyards Handbook* der Anglikanischen Kirche als *cult of the lawn* verdammt: Ein Friedhof ist kein Vorstadtgarten. Einen exemplarischen Öko-Friedhof fand ich in St. James South Elmham in Suffolk, einer der neun Pfarreien, die alle South Elmham heißen. Sorgsam wie die Details seiner Kirche beschreibt der Pfarrer von St. James in einem Faltblatt auch das Tier- und Pflanzenleben seines Friedhofs: »In an area of highly intensive agriculture, the Churchyard is an island of safety for wild-life.« Nicht jedermann schätzt das. Im Besucherbuch las ich die barsche Bemerkung: »Churchyard needs grass cutting.«

Ziemlich genau kann man auf alten Dorffriedhöfen auch die Rang- und Hackordnung der Gemeinde ablesen. Die schönsten, teuersten Grabsteine stehen meist auf der Südhälfte des Friedhofs, weiter nördlich wird es immer trister: Dort begrub man die Armen der Gemeinde, Diebe, gottloses Gesindel, uneheliche Kinder, manchmal auch ihre Mütter. Die auf der Nordhälfte waren »on the dog« begraben, sagte man in East Anglia, auf den Hund gekommen. James Lees-Milne, Tagebuch-Virtuose und Landsitz-Experte des National Trust, gab einmal den Rat: »Man sollte immer die Pfarrkirche vor dem Herrenhaus besuchen, um die Geschichte der Grundbesitzer von ihren Grabmälern zu erfahren.«

Dorfkirchen, Dorffriedhöfe spiegeln die Hierarchien der Countryside. Wer sich einmal aufs *church-crawling* einläßt, wird bald auch das *grave-hunting* nicht lassen können. Englands Kirchen und Friedhöfe sind große Sammlungen der Grabmalkunst. Auch in East Anglia haben berühmte und anonyme Bildhauer, Künstler der City und der Provinz eindrucksvolle Grabmäler hinterlassen, Meisterwerke der verlorenen Kunst der öffentlichen Trauer. Auf dem Dorffriedhof von Palgrave in Suffolk sah ich das Grab des Kutschers John Catchpole, gestorben 1787, mit einer sechsspännigen Kutsche als Grabrelief, in der Kirche von

Acton bei Sudbury die gravierte Messingplatte für den Kreuzritter Sir Robert de Bures, einen der ältesten und schönsten Brasse in England (um 1320).Von den Elisabethanern bis zu den Viktorianern, immer wieder finden wir ihre Sarkophagfiguren. Da liegen sie in prächtigen Gewändern, fix und fertig für die Ewigkeit.

Doch vergessen wir nicht angesichts der pompösen Marmormonumente der *landed gentry* die Epitaphe der kleinen Leute, deren Sandsteine draußen im Regen verwittern, diese traurige, komische, triviale, poetische Sammlung letzter Worte. In Walcott in Norfolk hat man 1847 dem offenbar nicht sonderlich beliebten William Wiseman ein paar derbe Endreime nachgerufen: »Here lies the body of W.W. / He comes no more to trouble U, trouble U. / Where he's gone and how he fares / Nobody knows and nobody cares.« Kurz und stoisch ist in Hamnersfield in Suffolk der Grabspruch auf ein Kind, gestorben zwei Wochen nach seiner Geburt: »Came in / Looked about / Didn't like it / Went out.« In einem Dorf im Nordwesten Norfolks mit einer spätnormannischen Kirche und vielen Grabsteinen des 17. und 18. Jahrhunderts, in Walsoken, fand ich das lapidarste Epitaph, ein lakonisches Wortspiel für Charles Knight: »Good Knight«.

Wo könnten wir unsere Springprozession zu den Kirchen East Anglias besser beenden als auf einem Dorffriedhof, am Grab eines Philosophen, von dem Voltaire in seinen *Briefen aus England* sagte: »Vielleicht hat niemand einen gescheiteren und aufgeräumteren Kopf gehabt und ist niemand ein schärferer Vernunftslehrer gewesen als Mister Locke.« Nach seiner Rückkehr aus dem holländischen Exil, ein Jahr nach der Veröffentlichung seines *Ver-*

suchs über den menschlichen Verstand, 1691 zog sich John Locke aufs Land zurück, in das Dorf High Laver in Essex. Dort verbrachte er die letzten vierzehn Jahre seines Lebens, für ein Pfund pro Woche als zahlender Gast von Sir Francis Masham und seiner Frau Damaris, der Tochter eines Cambridger Platonikers. In Otes, dem Herrenhaus der Mashams, hatte Locke seine Bibliothek mit 4000 Bänden, chronischen Asthmas wegen einen eigens konstruierten Gesundheitsstuhl, Besuch von Newton und anderen Freunden, im übrigen Ruhe zum Denken: über die Prinzipien des Empirismus und der repräsentativen Demokratie, über die Grenzen staatlicher Macht und menschlichen Verstandes.

Otes ist längst abgebrannt. Ein Forellenteich in den Feldern und die alte Allee zum Haus erinnern an Lockes letzten Wohnsitz. Es regnet, die Dorfkirche ist verriegelt, gelobt sei Mary Collins. Die Frau des Bauern vom Nachbarhof gibt mir Bücher über den Philosophen und eine Tasse Tee, sie erzählt von Japanern, die im Taxi aus London kamen, um Blumen auf Lockes Grab zu legen, und endlich kommt auch der Pfarrer und schließt mir auf. All Saints ist frisch geweißelt, eine schlichte, im Kern normannische Kirche. Im Chor die Grabplatten der Mashams, an der Südwand John Lockes Epitaph. Weil er wußte, was für ein Unsinn auf solchen Tafeln oft steht, schrieb er sich seinen Nachruf selber, auf lateinisch. »Silte viator«, halt an, Wanderer: »Wenn du fragst, welche Art Mensch er war, so antwortet er, daß er mit wenig Mitteln zufrieden lebte.« Auch der bescheidene Denker kann es nicht lassen, sich gehörig zu loben (»sein Dienst an der Wahrheit war unvergleichlich«). Letzte Worte, letzte Werbung: Wer mehr über ihn wissen wolle, möge seine Schriften lesen, die seien glaubwürdiger als die »zweifelhaften Elogen eines Epitaphs«. Entgegen seiner letzten Einsicht, auch diese Inschrift werde bald vergehen, hat man Lockes Grabplatte in die Kirche gebracht, um sie vor dem Verwittern zu bewahren.

High Laver hat heute rund 400 Einwohner, weniger als zu Lockes Zeiten. »Sonntags kommen 24 zum Gottesdienst«, sagt der Pfarrer von All Saints. »Wir sollten nicht vergessen, wofür Kirchen eigentlich da sind, nicht der Architektur wegen oder für berühmte Tote.« Es regnet immer noch. *Wet rain*, sagt Hochwürden, Landregen.

»Plenty of plum-pudding«

Parson Woodfordes Tagebücher

Englands Landpfarrer sind ein Kapitel für sich. Ein Kapitel? Sie füllten ein ganzes Buch. Ein Buch? Ach was, eine Bibliothek! Exzentriker wie Reverend Hawker, der mit seinem dressierten Schwein Porgy die Gemeinde von Morwenstow betreute, der bizarre Laurence Sterne, der Realist George Crabbe aus Suffolk, »the poet of the poor«, Lyriker wie Robert Herrick, George Herbert oder der streitbare Reverend R. S. Thomas in Wales, ganz zu schweigen von Chestertons unsterblichem Father Brown. Neben den vielen literarischen Pfarrern der Church of England klingt unverwechselbar die Stimme von Parson Woodforde aus Norfolk.

James Woodforde war ein Landpfarrer, wie es Tausende gab, und Weston Longville ein Ort ohne Eigenschaften. Fast 30 Jahre lebte er dort, in den Rübenäckern nordwestlich von Norwich, und daß wir heute noch von ihm und seinem Dorf Notiz nehmen, ist einzig seinem Tagebuch zu verdanken. *The Diary of a Country Parson*, erst 1924 veröffentlicht, beschreibt in minuziösen Aufzeichnungen den Alltag eines Landpfarrers in einem entlegenen Dorf Norfolks im 18. Jahrhundert, exemplarisch für die meisten seiner Zeitgenossen. Es ist ein Leben im Gleichmaß des Ernte- und Kirchenjahres, mit Kindstaufen, Krankenbesuchen, Hochzeiten, Beerdigungen. Am 4. Juni 1776 läßt der Pfarrer sich einen Zahn ziehen, »shockingly bad indeed«, und am 22. November kalbt seine Kuh. Parson Woodforde notiert die kleinen und die großen Ereignisse von Weston Longville: als im Winter 1785 der Frost so heftig war, daß »sogar die Nachttöpfe unterm Bett einfroren«, oder als im Wirtshaus »White Hart« Hannah Snell auftrat, »eine berühmte Frau in Männerkleidern«. Die Nachricht vom Sturm auf die Bastille erreicht Weston Longville erst zehn Tage später; doch noch vor der »very great Rebellion in France« notiert der Pfarrer den Kauf eines besonders großen Krebses. Denn gut essen ging ihm über alles.

»We had for dinner a Calf's Head, boiled Fowl and Tongue, a Saddle of Mutton rosted on the Side Table, and a fine Swan rosted with Currant Jelly Sauce for the first Course. The Second Course a couple of Wild Fowl, Larks, Tarts etc. etc. and a good Desert of Fruit after amongst which was a Damson Cheese.« Endlose Speisefolgen, endloses Vergnügen. »So viel gelacht und warmen Stachelbeerkuchen gegessen, daß ich den Schluckauf bekam und Magenschmerzen, die andauerten, bis ich ins Bett ging.« Am 3. Dezember 1782 sitzt Parson Woodforde in seinem Wohnzimmer mit ein paar Bauern zu Tisch: »6 Flaschen Wein getrunken, 5 Flaschen Rum, dazu Mengen von starkem Bier und Ale.« Auch seine Hausschweine profitieren vom selbstgebrauten Bier: »My two large Piggs ... got so amazingly drunk by it, that they were not able to stand ... I never saw Piggs so drunk in my life.« Erst anderntags sind seine Sauen wieder halbwegs nüchtern: »In the afternoon my 2 Piggs were tolerably sober.« Der Pfarrer empfand wie fast jedermann damals Schmuggeln als normal: »Andrews the smuggler brought me this night about 11 o'clock a bagg of Hyson Tea 6 pound weight.« Auch reichlich Gin und Cognac, die er bei Gefahr im Garten vergräbt, bezieht Hochwürden von *Moonshine Buck*, bei Tage ordentlicher Dorfschmied.

Parson Woodforde lebte als Junggeselle mit seiner Nichte Nancy im Pfarrhaus der 360-Seelen-Gemeinde. Er hatte zwei Diener, zwei Dienstmädchen und einen Laufburschen. Die wirklich *comfortable classes* verfügten über eine weit größere Dienerschaft. Damals gab es noch Sklavenhandel und für 160 Verbrechen die Todesstrafe. Die Pocken waren weit verbreitet, ein öffentliches Gesundheits- oder Erziehungswesen kannte man so wenig wie die Eisenbahn. Auf seinem Pferd erreicht der Pfarrer in zwei Stunden Norwich, mit der Kutsche in eineinhalb Tagen London. Doch warum reisen, wenn es in Weston Longville genug Abwechslung gibt? »Die ganze Nacht aufgewesen und Karten gespielt bis 6 in der Frühe.« Auch Angeln geht Hochwürden gern und zur Hasenjagd mit seinen drei Greyhounds Hector, Duchess und Reach'em: »Ran 3 hares and killed 2 of them – the hare that got off shewed the best sport.« Hasenjagd und Entenbraten, Whist und Gin. Parson Woodforde, ein Genießer in Christo, vergißt über den Freuden des Landlebens nie die harte Realität: »Bitterkalter Tag wieder mit stürmischem Wind«, notiert er am 6. Januar 1789, »habe Ben durch die Gemeinde geschickt mit etwas Geld für die Armen bei diesem strengen Wetter, hauptsächlich für die, die zu dieser Zeit nicht arbeiten können.« Weihnachten gibt er den Armen einen Shilling und ein Essen im Pfarrhaus, »Beef rosted and plenty of plum-pudding«. Und alljährlich am Valentinstag schenkt er den Kindern im Dorf einen Penny.

Von der literarischen Kraft und Weltläufigkeit eines Pepys oder Evelyn, der großen englischen Diaristen, ist dieses Tagebuch eines Landpfarrers so weit entfernt wie London von Weston Longville. Doch seine Detailfülle, sein Humor, seine gänzlich unaffektierte Darstellung machen Parson Woodfordes Tagebuch zu einem persönlichen und sozialen Dokument, nicht anders als das seines viktorianischen Amtsbruders Francis Kilvert. Ihre Tagebücher reihen sich ein in ein anderes sehr britisches Genre, das Dorfporträt. Ähnlich den Briefen des Landpfarrers Gilbert White aus Selborne im 18. Jahrhundert sind auch Parson Woodfordes Notizen aus Norfolk zugleich eine Topographie der ländlichen Umgebung und jenes unübersetzbaren Lebensgefühls der Countryside.

In der schlichten Dorfkirche von Weston Longville hängt James Woodfordes Porträt, vom Neffen Bill gemalt, das naive Bild eines naiven Menschen. Im Pub »The Parson Woodforde«, schräg gegenüber der Kirche, habe ich ein Bier auf den fröhlichen Pfarrer getrunken. Er starb am Neujahrstag 1803. Seine letzten Worte im Tagebuch: »Dinner today, Rost Beef & c.«

Fish & Chips in Dunwich

Ein Ausflug nach Vineta

Die Leiche ohne Hände lag auf dem Boden eines kleinen Segelboots, das in Sichtweite der Küste von Suffolk dahintrieb.« Mit diesem Satz beginnt P.D. James ihren Krimi *Unnatural Causes* (*Ein unverhofftes Geständnis*): das unnatürliche Ende eines Schriftstellers in dem fiktiven Küstenflecken Monksmere Head, »just south of Dunwich«. Dort, das kommt der Aufklärung des makabren Mordes zugute, macht Scotland Yards Chefinspektor Adam Dalgliesh gerade Herbstferien bei seiner Tante Jane, einer Amateur-Ornithologin, die in einem Haus am Rand der Klippen wohnt. Indes kann auch Superintendent Dalgliesh nicht alles verhindern: Im Naturschutzgebiet Minsmere – Vogelfreunde, aufgepaßt – liegt ein toter Mann in der Beobachtungshütte am Strand. »It was a lonely shore, empty and desolate like the last fringes of the world.«

Nun denken die Engländer ja gern, wenn sie an den Stränden ihrer Insel stehen, sie stünden am Rand der Welt. An diesem Teil der Küste aber kommt etwas anderes hinzu, eine *Land's End*-Erfahrung eigener Art. Was wir in Dunwich sehen, ist nicht Dunwich, sondern sein Mythos: die versunkene Stadt im Meer. Dieser Anblick lockt alljährlich Tausende an den einsamen Strand, und daß sie nicht melancholisch werden und sich zu Tausenden ins Meer stürzen, ist einzig und allein Flora's Tea Rooms zu danken, dem besten Fish & Chips der Ostküste. Der Ruf dieses klassischen englischen *Seaside Caff* ist längst bis London gedrungen, und als es Ostern 1988 abbrannte, wurde es originalgetreu im Stil der schwarzgeteerten Fischerhütten wiederaufgebaut. Ich glaube, inzwischen kommen die Leute nur deshalb nach Dunwich und nicht wegen der alten Vineta-Story. Diese Geschichte begann mit dem heiligen Felix, und sie endet mit dem Blanken Hans.

Der Name Dunwich kommt vom altkeltischen *dubno*, »tiefes Wasser«, und dem angelsächsischen *wic*, »Siedlung« oder »Hafen«. Um 632 gründete ein Missionar aus Burgund, St. Felix, in Dunwich den ersten Bischofssitz von East Anglia. Als die normannischen Eroberer im Jahre 1086 ihre Volks- und Vermögenszählung machten, hatte Dunwich laut *Domesday Book* rund 3000 Einwohner, drei Kirchen, eine Benediktinerabtei sowie zwei Klöster der Franziskaner und Dominikaner: ein wohlhabender Ort, der jährlich 68 000 Heringe als Steuer abführte. In ihrer Blütezeit im 13. Jahrhundert war dies mit 18 Kirchen und Klöstern nächst Norwich die zweitgrößte Stadt in East Anglia. Dunwich hatte 80 Handelsschiffe, Ipswich nur 30. Die Dunwickers konkurrierten mit Yarmouth, sie exportierten Wolle nach Flandern und importierten Wein aus der Gascogne, sie waren Händler, Fischer, Piraten, und wer weiß, was sie noch geworden wären. Doch schon zur Domesday-Zeit griff die See nach dem niedrigen Sandkliff, auf das die Stadt gebaut war.

Das Ende des Hafens von Dunwich kam über Nacht, am 14. Januar 1328. Eine Sturmflut, verheerender als jede zuvor, verschlang rund 400 Häuser und drei Kirchen und verschüttete die Hafeneinfahrt. Die See hatte die Stadt reich gemacht, nun holte sie sich alles zurück und begrub es unter Sand und Kies. In den folgenden Jahrhunderten versanken 13 weitere Kirchen in den Fluten. Ende des 17. Jahrhunderts war auch der Marktplatz im Meer verschwunden. Der Untergang von Dunwich war für die Zeitgenossen so schockierend, daß Daniel Defoe zum Vergleich die Ruinen von Karthago und Rom beschwor, Babylon und Ninive: als Hauptstädte großer Reiche gingen sie zusammen mit jenen zugrunde; aber der Untergang einer einzelnen Stadt ohne Krieg, ohne Plünderungen, dies sei erschütternd und nur durch Schicksal zu erklären, Verhängnis, »the fate of things«.

Dunwich, schrieb Paul Theroux, ist »berühmt dafür, nicht mehr zu existieren«. Ein Ort der Imagination, besucht von Dichtern, Historikern, Melancholikern. Edward FitzGerald kam 1855 mit Thomas Carlyle, Swinburne kam, Henry James und P. D. James, auch der deutsche Schriftsteller W. G. Sebald, der in Norwich lebt und lehrt. Im Frühsommer kommen gelegentlich Taucher und suchen nach den Resten der versunkenen Stadt. Im September versammeln sich die Gläubigen am Strand zur »Segnung der See«, obwohl sie mehr Grund hätten, sie zu verfluchen. Und in der Saison sitzen sie dichtgedrängt in Flora's Tea Rooms vor ihrer *Dover Sole* und erzählen den Kindern, bei Sturm höre man die Glocken im Meer.

Dunwich, oder was heute so heißt, hat noch 160 Einwohner. Im Heimatmuseum neben der Ship Inn dämmert der Blanke Hans vor sich hin bis zum nächsten Sturm. Auf dem hohen Kiesstrand liegt »Fred's Last«, eines der drei noch aktiven Fischerboote von Dunwich. Im Norden der Leuchtturm von Southwold, jenseits der Marsch Blythburgh Church, im Süden der Atommeiler von Sizewell und vor uns, 400 Meter weiter draußen im Meer, das alte Dunwich. Die Reste an Land sind nicht der Rede wert: die Ruinen des normannischen Lepra-Hospitals auf dem Friedhof von St. James und die efeuüberwachsenen Mauern von Greyfriars, dem einstigen Franziskanerkloster, im Zweiten Weltkrieg Flakstellung, heute Pferdekoppel. Schön ist der Weg über die Klippen, wo man Brombeeren pflücken und aufs Meer blicken kann. Am Rand des Steilufers liegt John Easey, begraben 1826. Nicht mehr lange, und seine Ruh' ist hin. Es ist der letzte Grabstein des Friedhofs von All Saints, die als letzte der mittelalterlichen Kirchen Dunwichs 1904 begann, in die See zu bröckeln.

Rund 400 Meter hat sich die Küstenlinie hier in den letzten vier Jahrhunderten landeinwärts verschoben. Jede Sturmflut, jeder Winter mit seinen Stürmen, jede zurückrollende Welle nimmt ein Stück Land mit in die See. Unersättliche See, »which moves for ever, like a ruminating beast, an insatiable, indefatigable lip« (Henry James). Die Geschichte dieser Küste ist die Geschichte vom Aufstieg und Niedergang ihrer Häfen, vom Überlebenskampf der Fischer, vom Heroismus der Männer in den Rettungsbooten, eine Geschichte kurzer Triumphe und langer Ohnmacht. Orford, Aldeburgh, Dunwich, Blythburgh, Walberswick, Southwold: einst florierende Häfen, dann verlandet, Opfer der Flut und der Erosion. Nur die grauen Türme ihrer Kirchen stehen noch wie erloschene Leuchttürme am Meer. Verlorene Orte, verlorene Zeit. Manchmal, selten, finden wir hier, was wir immer suchen.

Auch Covehithe ist ein verlorener Ort, verlassen zwischen Himmel und Meer. Eine Kirche ohne Dorf, nur einige Häuser. Hier endet auch die letzte Straße. An Weißdornhecken und Kornfeldern vorbei, durch einen lichten Wald führt der Weg, bis wir die Steilküste sehen und den leuchtenden Sand. Ein Strand ohne *beach-huts* und Andenkenbuden. Aber Treibholz genug, nach jedem Wintersturm, für einen Kessel Tee und manchmal auch für mehr. Rund vier Meter Land holt sich die See hier Jahr für Jahr, viermal so viel wie an der Küste von Dunwich. Auch Covehithe hatte einst einen Hafen. Sein Niedergang ließ den Ort veröden. Als die schwindende Gemeinde ihre große Perpendicular-Kirche nicht mehr erhalten konnte, wurde St. Andrew weitgehend abgerissen und aus den Abbruchsteinen in der Ruine des alten Kirchenschiffs 1672 eine neue, kleinere Kirche errichtet, mit Reet gedeckt. Nach Art der Babuschka-Puppen müßte man heute auch in diese Kirche wieder eine kleinere schieben, zählt doch der Reverend Laurence Spratt sonntags höchstens noch neun Seelen. Schreitet die Küstenerosion im bisherigen Tempo fort, hat sich das Problem im Jahre 2030 ohnehin ins Meer verlagert.

Dies sind die Orte der Melancholie, Fluchtpunkte der Ruinenromantik. Im Sommer 1804 trifft John Sell Cotman zum ersten Mal seinen lebenslangen Mäzen, den Bankier Dawson Turner, und begleitet ihn für ein paar Tage nach Covehithe. Dort malt er die Kirchenruine, damals noch efeuüberwachsen, als Silhouette vor einem dramatischen Himmel, fragile Architektur der eigenen Seele. Als geheimnisumwitterter Ort rangiert Covehithe für die Schriftstellerin P.D. James gleich hinter Dunwich: »Covehithe im Mondschein sehen heißt, betört zu werden von einer nostalgischen Schönheit, die zugleich unheimlich ist und erhaben.« Nicht umsonst läßt P. D. James ihren Detektiv Adam Dalgliesh in einer dieser poetischen Küstenkirchen seine einzigen Verse schreiben, bevor er in die Mordserie der *Unnatural Causes* verwickelt wird: »sitting in the silvery peace of Blythburgh Church«, im silbergrauen Eichengestühl von Holy Trinity.

Nie habe ich diese Kirche vergessen, seit ich sie vor Jahren zum ersten Mal sah, unterwegs auf der A12 von Ipswich nach Yarmouth, und jedesmal, wenn ich diese Strecke fahre, warte ich auf diesen Anblick wie auf einen vertrauten Freund. Blythburgh Church liegt auf einer Anhöhe über der Marsch, an der alten Tidenmündung des River Blyth, liegt da wie ein Schiff, das in der Bucht vor Anker gegangen ist, bevor die See sich zurückzog: *the Cathedral of the Marshes.* Dies ist eine der großen Ansichten von Suffolk. Ich sah Blythburgh Church in der Sonne leuchten, die Flintmauern blitzend, wie aufgelöst im Schein der großen Fenster, und ich habe sie an Herbstabenden gesehen, als schwarzen Wächter über den Wiesen. Ich habe diese Kirche voll von Konzertbesuchern erlebt, erfüllt von Madrigal- und Orgelmusik, und ich habe sie leer erlebt, so still, daß ich nur das Ticken der Turmuhr hörte und über mir ein Knarren in den Dachsparren, als bewegten die Engel ihre hölzernen Schwingen.

Die Engeldecke ist der Triumph von Holy Trinity. Doch die Schönheit dieser Kirche beginnt mit ihrer Schlichtheit: mit ihren weißen Wänden, ihrer Weiträumigkeit, den klaren Proportionen, dem ruhigen Rhythmus der Säulen und Fenster. Alles ist einfach und von einem wunderbaren

Licht erfüllt. Dieses Licht beseelt noch die kleinsten Figuren im Gestühl, bis in die Falten ihrer Gewänder, es durchströmt den Raum bis in die Region der Engel. Blythburgh leuchtet, auch an trüben Tagen. Es ist das Licht der späten Gotik, das diese Kirche durchflutet wie ein Glashaus. Gleichmäßig verteilen die 18 dicht gereihten Fenster im Obergaden ihr Licht über den ganzen Raum, das Licht der Küste East Anglias und der heiligen Dreifaltigkeit.

Holy Trinity wurde Mitte des 15. Jahrhunderts erbaut, zur selben Zeit wie die anderen großen Perpendicular-Wollkirchen von Suffolk, Long Melford und Lavenham Church. Kunst, Handwerk und Gottesdienst in selbstverständlicher, noch ungebrochener Einheit. Was wir als virtuoses Schnitzwerk bewundern, war für die Gemeinde damals handfeste Glaubens- und Sittenlehre. Da hatten sie auf den Gestühlswangen ihrer Bänke, um 1475, drastisch personifiziert Habsucht, Geiz, Stolz, die sieben Todsünden vor Augen, ebenso anschaulich die Mühsal des eigenen bäuerlichen Alltags, Allegorien der Arbeit: Saat und Ernte, Pflügen, Dreschen, Schweineschlachten. Und über sich die Boten himmlischer Herrlichkeit. Für die Menschen des Mittelalters waren Engel ja noch Wesen von unbezweifelbarer Realität, bevor sie den verkümmerten Augen der Aufklärung zu bloßen Abziehbildern schrumpften und erst wiederkehrten in den gebrochenen Versen der Moderne, Rilkes »fast tödliche Vögel der Seele«.

Paarweise, Rücken gegen Rücken, am Schnittpunkt der Balken, durch bemalte Bossen verbunden, nach Osten und Westen blickend, so beherrschen die Engel von Blythburgh die Flachdecke des Hauptschiffs in seiner ganzen Länge. Die zwölf Engel (einer fehlt) halten in ihren Händen die Wappenschilde der Hoptons und anderer einheimischer Familien, die den Bau der Kirche finanzierten: Ehre sei Gott in der Höhe, und den Stiftern auch. Das Sparrenwerk der freitragenden Balkendecke ist mit Blumengirlanden bemalt, zartrot und grün auf hellem Grund. Unter diesem Himmelszelt haben die Engel ihre langen, schlanken Schwingen majestätisch ausgebreitet. Ihr Schweben nimmt den Eichenbalken jede Schwere, ihre Anmut beflügelt den Raum und die Herzen der Beter. »Wer, wenn ich schriee, hörte mich denn aus der Engel Ordnungen?« In solchen Kirchen, unter den Engeldächern des Mittelalters, fand jede Verzweiflung zumindest ein Echo, und das Schöne war nichts als des Ewigen Widerschein.

Am 8. April 1644 suchte Cromwells Beauftragter William Dowsing auch Holy Trinity heim. Wie müssen ihn die Engel in ihrer unerreichbaren Glorie provoziert haben! Seine Bilderstürmer zerstörten die Heiligenfiguren, rissen die Brasse von den Grabsteinen und feuerten Hunderte von Schüssen in die Decke. Man fand die Puritanerkugeln im Holz der Engel, als man sie im 19. Jahrhundert erstmals abnahm und restaurierte. Damals zitierte William Morris Blythburgh Church als Beispiel vorbildlicher Restaurierung mittelalterlicher Kirchen in seiner Kampagne gegen die viktorianischen Schönheitschirurgen. Ende des 20. Jahrhunderts hatten sich die Holzwürmer im Dachstuhl so weit durchgefressen, daß er einzustürzen drohte. Auch diese neue, kostspielige Restaurierung hat die Eigenart von Holy Trinity bewahrt.

Als kurz nach der Eröffnung des Aldeburgh Festivals 1969 die Konzerthalle in Snape abbrannte, verlegte man sämtliche Aufführungen in diese Kirche. Janet Baker, Dietrich Fischer-Dieskau, Rostropowitsch, viele haben seitdem unter den Engeln von Blythburgh musiziert. Die Stars der Konzertsäle schätzen die Akustik solcher Holzbalkendecken und ihre unvergleichliche Atmosphäre. Ich habe in der Kirche am Blyth den amerikanischen Pianisten Murray Perahia erlebt, Alban Bergs Klaviersonaten vor dem Chorgitter der Gotik. Es war ein warmer Nachmittag im Juni; in der Pause saßen wir im Gras zwischen den Gräbern, genossen die reine Luft und den Blick über die Marsch. In Blythburgh Church finden auch einige Konzerte des Wangford Festivals statt, das der Pfarrer des Nachbardorfs 1966 gründete. Ein weißes Dinnerjacket über dem schwarzen Talar, spricht Reverend Miles Copley einführende Worte, die Festivalgemeinde erhebt sich zu den Klängen der Nationalhymne, das Kirchenkonzert beginnt.

Mehr als 600 Besucher finden Platz bei den Konzerten in Holy Trinity. Die Größe dieser Dorfkirche – sie ist über 40 Meter lang – entsprach der Bedeutung Blythburghs im Mittelalter. Es war ein Ort der Fischer und Tuchhändler, ein Hafenstädtchen mit zwei jährlichen Märkten, eigener Münze und eigenem Gefängnis. Der wirtschaftliche Niedergang begann bereits im 15. Jahrhundert, kaum war die stolze Kirche vollendet. Tückische, trügerische Küste: Als der Hafen von Dunwich versank und der River Blyth einen neuen Weg ins Meer suchte, verlandete Blythburgh Harbour, und an der Flußmündung etablierte sich ein neuer Hafen, Walberswick; bis auch der verfiel. Noch einmal, immer wieder die alte Geschichte.

Renaissance der toten Seelen

Wingfield College, Framlingham Castle

Tiefes Suffolk, tiefes Mittelalter, schönste Gegenwart. Nordwestlich von Laxfield, schon an der Grenze zu Norfolk, liegt eine Hügelkirche in den Feldern, entlegen wie ihre Geschichte. Wingfield war einst die Stammburg der de la Poles, eine der mächtigen Dynastien des Landes. Heute ist das 250-Seelen-Dorf ein Begriff für das intimste Festival der Grafschaft: *Wingfield Arts & Music.* Der Mann, der den Ort aus seinem Dornröschenschlaf weckte, ohne seine Atmosphäre zu zerstören, heißt Ian Chance. Er war eben 30 Jahre alt, Absolvent der Londoner Slade School, als er 1971 nach Wingfield kam und von einem Bauern das Anwesen neben der Kirche kaufte. »Jeder hielt es damals für ein Haus des 18. Jahrhunderts, sogar Pevsner. Was ich fand, war ein College des Mittelalters.«

Ian Chance, schlank und unauffällig, führt mich in Begleitung seiner schwarzen Katze Betty durch Wingfield College. Das Haus im Haus, das er entdeckte und Raum für Raum freilegte, ist ein Fachwerkbau des 14. Jahrhunderts, dem um 1760 eine komplette georgianische Stuckfassade vorgeblendet wurde, mit zwölf echten und sieben blinden Fenstern. Sorgfältig restaurierte er die Great Hall mit ihrem offenen Dachstuhl, den Kern des Hauses. Bis zur Reformation lebten hier 20 bis 30 Schüler, sechs Lehrer und vier Priester: ein Kollegiatsstift, gegründet von Sir John de Wingfield, einem Freund des Schwarzen Prinzen. Sir John war im Hundertjährigen Krieg Stabschef der englischen Armee in Frankreich und kehrte mit reicher Beute nach Suffolk auf seine Latifundien zurück. Vor seinem Tod 1361 stiftete er ein Kolleg samt Kirche, wo er begraben wurde und wo die Kollegiaten täglich für seine arme Seele Messen lesen und beten sollten. Im 15. Jahrhundert war Wingfield College eine der drei führenden Internatsschulen der Grafschaft, der Rektor des Kollegs zugleich Hauskaplan der Herzöge von Suffolk.

»Wenn dies ein College ist, muß es auch als College geführt werden.« Kaum hatte Ian Chance nach fast zehnjähriger Arbeit die Restaurierung seines Hauses beendet, gründete er 1981 ein Festival mit Konzerten, Ausstellungen, Lesungen, Workshops. Als ich Wingfield College besuchte, gastierte in der Stiftskirche das Medici String Quartet, wenig später der indische Sitar-Musiker Imrat Khan. Der spanische Konzertgitarrist Ernesto Bitetti hielt einen Gitarren-Workshop, der Bestseller-Autor Malcolm Bradbury las zum Abschluß eines Erzählwettbewerbs einheimischer Schüler. Als *Artist in Residence* gab die brasilianische Malerin Ana Maria Pacheco einen Holzschnittkurs an der Handpresse von 1840, als *Composer in Residence* demonstrierte der Ungar György Kurtag Theorie und Praxis zeitgenössischer Musik. Im Haus waren Kelims aus Kabul und marokkanische Keramik ausgestellt, im Garten Skulpturen Norwicher Künstler. Wingfield Arts & Music ist East Anglias persönlichstes Festival, mit ländlichen Wurzeln und kosmopolitischem Horizont. Was als Restaurierung begann, wurde eine Revitalisierung schönster Art, das mittelalterliche College zum Zentrum eines lockeren *Studium generale* für Sommergäste.

Das alles organisierte Ian Chance in den ersten fünf Jahren ohne Subventionen und Sponsoren, um sein Programm völlig unabhängig zu realisieren. Inzwischen tragen regionale Behörden und Firmen einen Teil der Kosten; den Rest bestreitet der Festspielgründer immer noch aus eigener Tasche, als Lehrer an der Norwich School of Art (»I have to teach in order to pay the Festival«). Ian Chance verkörpert eine britische Erfolgsgeschichte. Der junge Alternative, der in den siebziger Jahren aufs Land zieht, um seine Idee von Kunst und Leben zu verwirklichen, wird in den achtziger Jahren wider Willen zum Musterbeispiel des Thatcherismus in der Kulturpolitik: Gefördert wird auch in der Kunst nur, was zuvor durch Eigeninitiative seine wirtschaftliche Lebensfähigkeit bewiesen hat. Ian Chance selbst sieht das Ziel von Wingfield vor allem darin, »Menschen in die Lage zu versetzen, Exzellentes zu erstreben, ihre eigene kulturelle Identität zu finden«. Sein Beispiel zeigt, daß nicht Superfestivals die kreativen Zentren sind, sondern kleine Kunststiftungen wie die Fondation Maeght in St. Paul de Vence, Kettle's Yard in Cambridge – oder Wingfield College.

Gleich nach seinem Einzug pflanzte der neue Hausherr eine *weeping oak*, die seltene Trauereiche. Auch einen elisabethanischen *topiary*-Garten legte er an, geometrische Heckenfiguren, die den Gesetzen der Geometrie und Schwerkraft vital widersprechen: kippende Pyramiden, asymmetrische Kegel, Korkenzieherformen, ein bizarrer Exkurs zum Verhältnis von Natur und Kunst. Mit Ian Chance hat die Geschichte von Wingfield noch einmal begonnen. Sie schien begraben für immer mit den großen Namen der de la Pole in den Sarkophagen der Dorfkirche. Einen von ihnen, »Sweet Suffolk, proud Pole«, kennen wir aus Shakespeares Königsdrama *Henry VI*: William de la Pole, 1. Duke of Suffolk. Er kämpfte für Henry V. gegen Jeanne d'Arc, arrangierte für Henry VI. die Hochzeit mit Margarete von Anjou und strebte selber nach der Macht: »Margaret shall now be queen, and rule the King; / But I will rule both her, and King, and realm.« Doch am Strand von Dover ward er ermordet: »Thy lips, that kissed the queen, shall sweep the ground.« Nun ruht »Sweet Suffolk« in einem der prächtigen Sarkophage von Wingfield, neben seinem Sohn John, dem 2. Duke, und dessen Frau Elizabeth Plantagenet, einer Schwester Edwards IV. und Richards III. Nicht weit von diesen wahrhaft königlichen Alabasterfiguren liegen zwei ursprünglich farbig gefaßte Grabskulpturen aus Holz, wie man sie selten sieht: Michael de la Pole, 2. Earl of Suffolk, und seine Frau Katherine, die Eltern des 1. Duke. Sir Michael erbaute 1384 Wingfield Castle, die Stammburg der de la Poles am Dorfrand. Von der alten Wasserburg blieb nur das dreistöckige Torhaus erhalten; das heutige Herrenhaus aus Fachwerk stammt aus der Mitte des 16. Jahrhunderts.

Wie die Machtzentren schrumpfen. Wingfield, Stammsitz der Herzöge von Suffolk: ein Kaff. Wenige Meilen weiter südlich Framlingham, Residenz der Herzöge von Norfolk: ein Dorf, das keiner mehr kennt. Framlingham hat 2500 Einwohner, eine Burg mit 13 Türmen und eine Kirche mit den schönsten Renaissancegräbern East Anglias. Auf dem Hügel gegenüber der Burg liegt Framlingham College, eine Public School von 1864, die neugotische Bildungsburg der Viktorianer. Was die Schüler hier täglich vor Augen haben, drei Bogenschüsse entfernt jenseits des Tals, ist ein exemplarisches Stück Heimatkunde, Rittertum und Fremdenverkehr.

Wie die Burgen schrumpfen zur Bellevue. Der Stolz normannischer Militärstrategen: ein Ansichtskartenmotiv. Geschichte ist am Ende immer Abrüstungsgeschichte, Zerstörung, Verfall. Nicht immer ist das Ergebnis so befriedigend wie die Ruine von Framlingham Castle. Über die Wehrgänge spazieren, was für ein Vergnügen. Zu unseren Füßen das Städtchen, die Kirche, ein See, einst zur Verteidigung aufgestaut, und ringsum die friedlichen Hügel von Suffolk. Kein Feind mehr in Sicht seit Cromwells Zeiten. Die Domäne von Framlingham war ein Geschenk Henrys I. an seinen normannischen Gefolgsmann Roger Bigod. Ein Jahrhundert später, zwischen 1190 und 1213, baute ein weiterer Roger Bigod, der 2. Earl of Norfolk, die Burg in ihrer heutigen Form. Die konzentrische Ringmauer mit Ecktürmen und Torhaus war damals modernste Militärarchitektur, von heimkehrenden Kreuzfahrern importiert nach dem Vorbild der Sarazenenburgen. Die Tudors domestizierten die 13 Wehrtürme mit bizarren Ziegelschornsteinen, fast alle sind bloße Attrappen.

Auch der Letzte der Bigods von Framlingham hieß Roger. Dieser 5. Earl of Norfolk gehörte zu den treibenden Kräften im Widerstand der Barone gegen Edward I. Im Jahre 1297 kam es zur Kraftprobe, als Ritter Bigod seine Gefolgschaft in die Gascogne verweigerte: »By God, Sir Earl, you shall go or hang«, sprach der König. »By God, o King«, entgegnete der Graf, »I will neither go nor hang.« Ein klassischer Dialog, ob legendär oder nicht, einer der berühmten Wortwechsel der englischen Historie. Graf Bigod verlor seine Ämter, seine Burg fiel an den König.

Zwischen Hofdienst und Hochverrat schwankt auch die Geschichte der Howards auf Framlingham Castle. Von Richard III. zu Herzögen von Norfolk und zum Oberhofmarschall erhoben, verloren sie unter Henry VIII. Burg und Kopf. Seinen letzten Höhepunkt erlebte Framlingham 1553. In jenem Jahr, seinem Todesjahr, schenkte Edward VI. die Burg seiner ungeliebten katholischen Halbschwester Mary Tudor. Die Krone aber fiel nicht an sie, die rechtmäßige Thronfolgerin, sondern an die 15jährige Protestantin Jane Grey, Schwiegertochter des Duke of Northumberland, des notorischen »Königmachers« Warwick. Mary Tudor floh nach Framlingham Castle. Auf der Burg der Howards, bis heute Englands ranghöchste Katholikenfamilie, ließ sie sich vom Landadel East Anglias zur Königin proklamieren und marschierte nach London. Neun Tage hatte Lady Jane Grey regiert; mit ihrer Hinrichtung begann die Herrschaft von *Bloody Mary*.

Auch später spiegelt Framlingham Castle die wechselnden Macht- und Glaubensverhältnisse im Land. Durch eine Erbschaft fiel die Burg 1635 an Pembroke College in Cambridge. An Stelle der Great Hall bauten die Akademiker ein Armenhaus im Burghof; den Rest ließen sie verfallen. Heute führt Pembroke College nur noch den Titel der *Lords of the Manor*; Besitzer von Framlingham Castle ist seit 1913 der Staat. Was bleibt, stiften die Denkmalschützer.

Am Südportal von Framlingham Church, wo die toten Burgherren ruhen, hängt auch der Schlüssel der Burg, sozusagen griffbereit für die Auferstehung. Über dem

Hochaltar der Helm, den Thomas Howard, Earl of Surrey, 1513 in der Schlacht von Flodden trug, als die Engländer unter seiner Führung die Blüte der schottischen Ritter niedermetzelten. Hier umgibt er sich nun mit der Leibstandarte Jesu, den zwölf Aposteln in den Nischen seines Sarkophags. Dies ist das letzte große religiöse Bildprogramm, bevor die Reformation sich durchsetzte, eines der besten Grabmonumente der englischen Frührenaissance. Doch lasse man sich nicht täuschen vom Trompe-l'œil des Totenkults. Der Familienmacht wegen lancierte Thomas Howard zwei seiner Nichten auf den Thron, erst Anne Boleyn, dann Catherine Howard, und als es um ihren Kopf ging, ließ er beide fallen. Seine eigene Hinrichtung überlebte dieser 3. Duke of Norfolk nur, weil am Tag zuvor Henry VIII. starb. Sechs Jahre verbrachte Howard noch im Tower, bis Mary Tudor den Achtzigjährigen freiließ: ein grausamer Mann in grausamen Zeiten. Daß einer so alt wurde und im Bett starb, in diesem Ränkespiel um die Macht, das allein schon läßt ihn außerordentlich erscheinen.

Auch sein Sohn liegt im Chor von Framlingham Church begraben: Henry Howard, Earl of Surrey. Ein Renaissancegrab, ein Renaissancemensch *par excellence.* Er liebte die höfische Kabale, den heroischen Reim, das zügellose Leben, und er starb jung genug, um mit der Aura des lyrischen Helden fortzuleben, ein *virtuoso* des Degens und der Feder. Raleigh brachte den Engländern die Kartoffel, Surrey den Blankvers. Das lernt jeder Anglist bis heute. Und noch etwas: Als Übersetzer Petrarcas verwandelte er das italienische ins englische Sonett, indem er die beiden Terzinen auflöste in einen weiteren Vierzeiler mit einem epigrammatischen Reimpaar am Ende, dem *heroic couplet.* Hören wir, von Shakespeare verwöhnt, einmal auch Surreys Stimme:

When other lovers in arms across
Rejoyce their chief delight,
Drowned in tears to mourn my loss
I stand the bitter night
In my window, where I may see
Before the winds how the clouds flee.
Lo, what a mariner love hath made me!

Wer so leidenschaftlich von der Minne sang und so selbstverliebt mit der Nacht spielte wie der Earl of Surrey, lief am Hof Heinrich Blaubarts kein geringes Berufsrisiko. Noch ehe er 30 Jahre alt war, wurde er als Hochverräter angeklagt – »the most foolish proud boy that is in England«, wie ein Zeitgenosse ihn nannte. Die kurze, glänzende Karriere Henry Howards endete im Januar 1547 auf dem Tower Hill. Von Holbein porträtiert, von Henry VIII. geköpft: das konnte selbst damals nur ein Virtuose in seinen Lebenslauf schreiben. So liegt denn in Framlingham Church, zum Zeichen seiner Exekution, die Fürstenkrone neben dem Kopf der Alabasterfigur auf dem Sarkophag des schönen, armen Heinrich. An seiner Seite ruht Frances de Vere, seine Frau, Tochter des 15. Earl of Oxford. Hinter ihnen knien ihre drei Töchter, vor ihnen die beiden Söhne. Sie tragen purpurrote, hermelinbesetzte Roben. Einer von ihnen setzt die Blutspur der Howards fort: Thomas, 4. Duke of Norfolk, als Hochverräter enthauptet unter Elizabeth I. Auch sein Sohn geht im Tower zugrunde, im selben Jahr 1572: Philip, Earl of Arundel, auch er angeklagt als Katholik, als Parteigänger Maria Stuarts. Feierlich aufgebahrt liegen die Figuren der toten Howards in Framlingham Church, dem Jenseits zugewandt in heraldischer Farbenpracht, Akteure und Opfer einer Zeit, die ihre Krönungen und Hinrichtungen wie Shakespeare-Dramen genoß. Das Grabmal des Earl of Surrey entstand erst 1614, mehr als ein halbes Jahrhundert nach seinem Tod (und zwei Jahre vor dem Tod Shakespeares). Zum illustren Totenensemble von Framlingham zählt auch ein königlicher Bastard, Surreys Jugendfreund Henry FitzRoy, ein unehelicher Sohn Henrys VIII., der sich, vom König geliebt »like his own soule«, heftigeren Zuwendungen durch frühen Tod entzog.

Groß war diese Epoche in ihrer Grausamkeit, groß in ihrem Bedürfnis nach Schönheit, Harmonie, ewigem Frieden; groß daher auch in den steinernen Abgesängen auf ihre Toten. Vier kniende Engel tragen auf ihren Schultern eine schwarze Marmorplatte, unter der die Urne Sir Robert Hitchams steht, des Mannes, der die Burg von den Howards kaufte und seinem College in Cambridge vermachte, kurz vor seinem Tod im Jahre 1636.

Als ich Framlingham Church besuchte, war Frühling. Eine Frau stellte Blumen auf Sir Roberts Sarkophag. Im schwarzen Marmor spiegelten sich die Osterglocken.

Ickworth

Wie Lord Bristol zu Goethe kam und das Bristol-Hotel zu seinem Namen

Es war eine jener kleinen Society-Meldungen, die sich auch die seriöseren Zeitungen im Königreich ungern entgehen lassen: Wegen Kokain-Besitz, las man da im Herbst 1988, muß Frederick William John Augustus Hervey, Earl Jermyn und Marquess of Bristol, für ein Jahr in den Knast. »The downwardly mobile embarrasstocrat«, wie der *Tatler* den adligen Kokser einmal nannte, der 7. Marquess of Bristol besaß fünfundzwanzig Luxuslimousinen, eine australische Schaf-Farm, amerikanische Ölfelder und etliche tausend Hektar englische Heimaterde. Er war 44 Jahre alt, als er 1999 starb. An den Folgen seiner Drogensucht, heißt es. Oder durch Selbstmord.

Dieses ehrenwerte Mitglied der Klatschspaltenaristokratie kam aus einer der besten Familien des Landes. Sein Vater Victor, der 6. Marquess of Bristol, saß seinerseits drei Jahre im Knast wegen seiner Beteiligung an einem Juwelenraub. Als Kanzler der internationalen Monarchisten-Liga unterstützte er von seinem Wohnsitz Monte Carlo aus die Idee der Monarchie und ihre notleidenden Vertreter. Fast alle exilierten Könige und Königinnen Europas hatte der Marquis zu Gast in seinem Londoner Stadtpalais am St. James's Square und auf seinem Landschloß Ickworth bei Bury St. Edmunds. Dort war Victor aufgewachsen und hatte seinem Onkel Frederick William geholfen, »to run the show«, das Haus zu führen. Als der Onkel 1951 starb, endete die *show.* Die Witwe, sehr zu Victors Kummer, überschrieb das Haus an Stelle von Erbschaftssteuern dem Staat; der überantwortete es dem National Trust. So blieb dem 7. Marquess of Bristol, abgesehen von rund 7000 Acres Land und gelegentlich einer geheizten Zelle, als Wohnquartier nur jener Ostflügel des Schlosses, den der National Trust jetzt als das betreiben will, wofür der Name Bristol eigentlich steht, als Hotel.

Gravitätisch breiten die Zedern ihre Schirme über den Rasen. Wir treten aus dem Park, auf den ovalen Vorplatz und sehen einen monumentalen Rundbau mit Flachkuppel und weit ausschwingenden Seitenflügeln, an die sich rechteckige, doppelstöckige Pavillons anschließen; aber wie und wo, ob sie überhaupt enden, sehen wir nicht. Das Haus wird von Bäumen und Hecken so verdeckt, daß es nie in voller Länge zu überblicken ist. Ickworth ist mehr als 200 Meter lang, länger als die Kathedrale von Ely, eher ein Königspalast als ein Familiensitz, mit seiner mächtigen Rotunde eher ein Mausoleum als eine Wohnung. Dies war das Schloß, eines der Schlösser von Frederick Augustus Hervey, 4. Earl of Bristol und Bischof von Derry.

Ickworth ließ er sich 1795 von den Brüdern Francis und Joseph Sandys bauen, nach Entwürfen des italienischen Neoklassizisten Mario Asprucci und nach eigenen Ideen. Der Fürstbischof, klassisch gebildet, weitgereist, hatte eine frühe Vorliebe für runde und ovale Formen. Seit er das Kolosseum in Rom gesehen und Piranesi studiert hatte, seit ihm unterwegs in Italien der junge Architekt John Soane eine »Hundehütte« in Form eines *Roundhouse* skizziert hatte, ließ ihn die Idee nicht mehr los. Bis er jene Rotunde auf einer Insel im Lake Windermere sah, John Plaws Belle Isle (1774). Sie war das Vorbild für den irischen Landsitz des Fürstbischofs, Ballyscullion am Lough Beg, 1787 begonnen, bereits 1813 wieder abgebrochen: ein ovaler Zentralbau mit Kuppel und Portikus, flankiert von geschwungenen Seitenflügeln – der Prototyp von Ickworth.

Aus Backstein gemauert, ockerfarben verputzt, mit vorgeblendeten Säulenreihen nach Art des Kolosseums, so thront Ickworth in den Feldern von Suffolk, das Pantheon des Earl of Bristol. In seinem Auftrag schufen zwei Mailänder Bildhauer, die Brüder Casimiro und Donato Carabelli, den Terrakottafries zwischen und über den Säulen, der wie eine Endlosschleife rund um die Rotunde läuft: Reliefszenen nach John Flaxmans Homer-Illustrationen, der Comic strip des Connaisseurs. Durch den hohen, viersäuligen Portikus, der ein wenig unorganisch an der Rotunde klebt, betreten wir den Palast des Fürstbischofs, den er selber nie bewohnte. Er starb 1803; erst 1829 zog seine Familie in das *Roundhouse* ein. Unvollendet blieb bis heute das Innere der Kuppel, von deren Laterne aus Lord Bristol den Blick über die Güter von Ickworth genießen wollte.

Was für ein Haus, was für ein Mann! Da sitzt er im Drawing Room: ein Porträt des Bischofs als Weltmann. Sitzt da wie in einer Theaterloge, den Arm lässig auf der Balustrade, im Hintergrund raucht der Vesuv. So ließ er sich 1791 von Madame Vigée-Lebrun in Neapel malen und in Rom von Angelica Kauffmann: ein Freund der Frauen, der Künste, aller irdischen Genüsse, denn von den himmlischen Verheißungen hielt der Bischof weniger. »His conversations ran generally in support of atheism«, berichtete ein Zeitgenosse. »His conversation was obscenity itself, no modest woman could talk with him or go up his staircase at Rome, where the frescoes were most indecent ...« Jahrelang lebte der kapriziöse Lord in Italien, ein exemplarischer Exzentriker, Förderer der Künstler und des klassizistischen Geschmacks. Flaxman pries seine »noble patronage«, er habe »den dahinsiechenden Körper der Kunst in Rom wiederbelebt«. Bei Madame Vigée-Lebrun bestellte der Fürstbischof ihr zauberhaftes Selbstporträt, das heute im Smoking Room von Ickworth hängt, und bei John Flaxman 1790 eine monumentale Marmorskulptur: *Der Wahn des Athamas*, eine jener grausigen Familientragödien der Antike, ein heroisches Sujet nach Ovids *Metamorphosen* (4,416 ff.) »Wer hätte mich in England beauftragt, eine sieben Fuß hohe Gruppe mit einem Mann, einer Frau, einem kleinen und einem großen Kind auszuführen«, schwärmte der junge Künstler in Rom. Sein Mäzen war nicht weniger zufrieden: Flaxmans *Athamas* sei sogar dem *Laokoon* in der Sammlung des Papstes überlegen, prahlte der Bischof, er besitze nun »das beste Werk, das je in der Bildhauerei geschaffen wurde«. Zwischen zwei gigantischen Säulenpaaren aus Scagliola, der im Barock so beliebten Marmor-Imitation aus gefärbtem und poliertem Stuck, im pathetischen Entrée des Treppenhauses von Ickworth bildet Flaxmans Figurengruppe den heroischen Mittelpunkt.

Lord Bristol, im Nebenberuf Bischof, glaubte an das Schöne und ließ den lieben Gott einen guten Mann sein. Er lebte mehr in Rom und auf Reisen als in seiner irischen

Gemeinde. Dabei besaß der 48. Bischof von Derry die reichste Diözese Irlands; ganz abgesehen von den 30 000 Acres seiner Familiengüter in Suffolk und Lincolnshire. So ungeniert, wie er seine klerikalen Pfründen steigerte, so unorthodox verteilte er sie auch. Einmal veranstaltete er unter seinen Kuraten ein Pferderennen; die Sieger erhielten freie Pfarrstellen in seiner Diözese. Ein Skandal? Gewiß, und nicht der einzige. Indes schätzen die Iren einen frivolen Bischof mehr als einen frommen Langweiler, und so stifteten die Einwohner von Derry 1817 zu Ehren ihres himmelschreienden Lord-Oberhirten einen Obelisk, fern am Horizont von Ickworth. Aber noch ist der Earl of Bristol nicht tot, noch wissen wir nicht, wie er zu Goethe kam und das Bristol-Hotel zu seinem Namen.

»Man wird auf Reisen nicht fröhlich«, klagte Flaubert; vielleicht ist das auch zuviel verlangt. In jenen Zeiten, als das Reisen halsbrecherischer und unbequemer als heute war, als man nicht nur an die Stätten der Kultur eilte, sondern das Reisen selbst als Kultur pflegte, da traf man noch in der hinterindischsten Hütte den Igel, der immer schon da war, einen Engländer. Und wohl keiner unter seinen reisefreudigen Landsleuten im späten 18. Jahrhundert war rastloser, anspruchsvoller als der Earl of Bristol. Je weiter er sich von England entfernte, desto mehr verlangte es ihn begreiflicherweise nach englischer Gastlichkeit. Was er glaubte erwarten zu dürfen? Nicht viel eigentlich und doch bis heute mehr, als man gemeinhin bekommt: ein bequemes Bett, einen guten Tee und angenehme Gesellschaft. Wo Lord Bristol logierte, das sprach sich bald herum in der europäischen Reisegesellschaft, wo *the Mitred Earl* gar mehrmals einzukehren beliebte, da war gut sein, da konnte man getrost eine Nacht, vielleicht sogar ein paar Tage bleiben. So trafen sich fortan nicht nur Englands *Grand Tourists* in Lord Bristols Hotel. Sein Name wurde zum Synonym für Luxushotels, lange vor Michelins Inflation der Sterne. Karl Baedeker führte den Reisenden von einer Sehenswürdigkeit zur anderen; Lord Bristol zeigte ihm, wo er sich davon erholen konnte. Viele Hotels zwischen England und Italien tragen heute seinen Namen (und manche ganz zu Unrecht). Nur eines ist übriggeblieben, das der Earl auch leibhaftig besuchte: das Wiener Bristol, mit dem Wappen des Fürstbischofs über dem Eingang.

Selten blieb er lange an einem Ort. »A vagabond star« nannte der Earl sich selber. Unterwegs mußte er sein, wenn sein Stern leuchten sollte: bei Voltaire in Ferney, bei Goethe in Jena. Das war am 10. Juni 1797, und mehr als 30 Jahre später notierte Eckermann, was haften blieb von Lord Bristols Auftritt: »Er gefiel sich darin, gelegentlich grob zu sein; wenn man ihm aber ebenso grob entgegentrat, so war er ganz traktabel. Er wollte mir im Lauf unseres Gesprächs eine Predigt über den *Werther* halten und es mir ins Gewissen schieben, daß ich dadurch die Menschen zum Selbstmord verleitet habe. ›Der *Werther*‹, sagte er, ›ist ein ganz unmoralisches, verdammungswürdiges Buch!‹« Nun liest der Dichter dem Gottesmann die Leviten, und am Ende, wie so oft, ist Goethe vor allem mit sich selbst zufrieden; Eckermann darf zusammenfassen: »Lord Bristol, so grob er sein konnte, war ein Mann von Geist und Welt und durchaus fähig, in die verschiedenartigsten Gegenstände einzugehen.«

In Ickworth sehen wir, welche Gegenstände der Bischof

am innigsten schätzte: Gemälde, Skulpturen, Möbel, Silber. Indes ist dies nur ein Bruchteil dessen, was Lord Bristol jahrelang in Italien gesammelt hatte: Bilder von Raffael, Guido Reni, Annibale Carracci, antike Statuen, Marmorbüsten, Mosaikfußböden, immense Kunstschätze – »gran Dio che tesoro«, wohin damit? Dieses Problem aller Sammler löste nicht der Neubau von Ickworth, sondern Napoleon. Als die Franzosen 1798 Rom besetzten, fielen ihnen auch Lord Bristols Schätze in die Hände, bevor er sie nach England verschiffen konnte. Der Mann, der sich im Laufe seines Lebens drei Paläste baute und keinen wirklich bewohnte, starb 1803 auf dem Weg nach Albano in einer Bauernhütte. Lord Bristols Leichnam wurde ins Familiengrab nach Ickworth überführt, und weil die abergläubischen Seeleute keinen Toten an Bord befördern wollten, mußte er als antike Statue getarnt werden – letzte Ironie eines Sammlerlebens.

Nur drei Räume umgeben das Treppenhaus von Ickworth: Speisesaal, Salon, Bibliothek. Hier in der Rotunde wollte der Earl wohnen, umgeben von seiner Sammlung in den seitlichen Pavillons. Im Juli 1796 hatte er seinem Freund John Symonds nach Cambridge geschrieben, wie er sich sein eben begonnenes Haus vorstellte: »Ich will Pracht mit Annehmlichkeit verbinden und Einfachheit mit Würde – nichts Überladenes – nichts Überflüssiges – kein einziger unnötiger Raum, die notwendigen aber nobel und praktisch, mit wenigen, aber erlesenen Bildern, und in meinen Galerien will ich die historische Entwicklung der Malerei in Deutschland und Italien zeigen.« Wie so häufig, machten die Erben alles anders. Frederick William, Sohn des Fürstbischofs, zog als Wohnung die

Galerie im Ostflügel vor, die Räume der Rotunde ließ er als Empfangssalons dekorieren. Wir haben keinen Grund, das zu beklagen: portugiesische Rokoko-Spiegel, Möbel von Boulle und anderen französischen und englischen Ebenisten. Ich kenne wenige Räume, wo eine ähnlich meisterhafte Sammlung von Familienporträts zu sehen ist wie in der Rotunde von Ickworth. Die Herveys ließen sich von den besten Künstlern ihrer Zeit malen, von Gainsborough und Reynolds, Lawrence, Ramsay und Romney, natürlich auch von Jean-Étienne Liotard, dem Pastell-Virtuosen der mondänen Gesellschaft zwischen Rom, Genf und Konstantinopel. Angelica Kauffmann porträtierte nicht nur den Fürstbischof, auch seine Tochter Elizabeth, die spätere Herzogin von Devonshire. Lässig auf Anker und Kanone gelehnt, in goldbestickten Marineuniformen, präsentieren sich zwei andere Herveys: Lord Bristols Bruder, Vizeadmiral Augustus John, und John Augustus, Lord Bristols ältester Sohn, zwei repräsentative Ganzfigurenporträts von Gainsborough.

Seit 1467 gehörten die Ländereien von Ickworth den Herveys. Immer wieder standen sie im Dienst der Krone, als Minister, Botschafter, Vizekönig von Irland, und so retteten und vergrößerten sie ihre Güter durch alle Stürme der englischen Geschichte. Wenigstens einer von ihnen verdient noch unsere Aufmerksamkeit: John, Lord Hervey, Vater des 4. Earl of Bristol. Er war Abgeordneter für Bury St. Edmunds, Parteigänger Walpoles, Lordsiegelbewahrer und Vertrauter Queen Carolines. Lord Hervey führte Tagebuch über das Leben am Hof Georges II., über Intrigen, Staatsaktionen und Petitessen des königlichen Haushalts – Klatsch und Zeitgeschichte von Rang. William

Hogarth hat auf einem seiner Konversationsstücke um 1738 Lord Hervey porträtiert, im Kreis seiner Freunde, der berühmten *Holland House Group*. Wir sehen das Gemälde in der Bibliothek, neben vier Porträtbüsten englischer Premierminister von Joseph Nollekens und einem brillanten Velázquez, dem (fragmentarischen?) Bildnis des Infanten Balthasar Carlos, des Sohnes Philips IV.

Wer in den kultivierteren Zeiten auf Ickworth rauchen wollte, tat dies weitab vom Speisesaal im Smoking Room. Auch dort Kabinettstücke des Hervey-Geschmacks: Chippendale-Chinoiserien, eine klassische Poussin-Landschaft, ein (zweifelhaftes) Tizian-Porträt und das populärste Historienbild von dem Hofmaler Benjamin West, »Europas größtem Kleckser«, wie Lord Byron den erfolgreichen Amerikaner in London einmal nannte. Erst 1879 wurde das Pendant zum Smoking Room vollendet, der Pompejanische Salon. Die Trompe-l'œil-Dekorationen von John Diblee Crace basieren auf den antiken Fresken der Villa Negroni in Rom – historische Kulissenmalerei, wie die Viktorianer sie schätzten. Im westlichen der beiden langen, gebogenen Korridore, in denen der Fürstbischof seine Skulpturen aufstellen wollte, ist heute ein Teil des Bristol-Silbers zu bewundern, von hugenottischen Goldschmieden in London im 18. und frühen 19. Jahrhundert angefertigt, eine der glänzendsten Privatsammlungen dieser Art in England.

Zumindest ahnen wir nun, wie die Earls of Bristol ihre Gäste empfingen. Der National Trust, der ihr Erbe verwaltet, speist seine Besucher schnöde auf der Dienstbotenebene ab. Im Souterrain, an einem schäbigen Wachstuch-Tisch, habe ich meinen Tee getrunken, mit dem Blick auf

Mauern, nicht etwa in den Garten. Gehen wir – aber unbedingt noch durch den Park. Vom Terrassenweg hinter der Südfassade des Hauses sehen wir weit über Felder und waldige Hügel, Schafe im Schatten alter Eichen, eine Pastorale im Stil Capability Browns, der auch hier zumindest ein paar Bodenwellen hinterließ. Bäume umgeben die kleine Kirche von Ickworth. Malerisch liegt sie da, ganz für sich und für die toten Earls of Bristol.

Euston Hall

Ein Herzog für den Denkmalschutz

In den Feldern trompeten die Fasane. Ein schnurgerader Weg, *Duke's Ride,* führt durch die Heide im Norden von Suffolk zum Landsitz des Duke of Grafton. Hereford-Rinder grasen auf den Weiden rings um Euston Hall, ein Backsteinhaus bescheidener Größe. Audienz beim Herzog. Durch die halb geöffnete Eingangstür mustert mich Van Dycks Charles I. Nichts rührt sich, kein Butler, niemand. Schließlich kommt ein Mann mit einer Gießkanne aus dem Garten, ein Hawaiihemd locker über den Shorts. Der Herzog? Ein Gärtner? »I've been watering«, sagt er, mit jenem präzisen *upper class*-Nuscheln, das jede Verwechslung ausschließt. Massige Figur, Cäsarenschädel, kühle hellblaue Augen: Hugh Denis Charles, 11. Duke of Grafton, geboren 1919 in Südafrika, Vetter der Queen, Taufpate Prinz Andrews, Ritter des Hosenbandordens. *His Grace* führt mich in den Salon. Unter den Augen seines schwarzen Retrievers versinken wir in großgeblümten Polstersesseln.

Fragt man den Herzog von Grafton, welchen seiner Vorfahren er besonders schätze, so nennt er den Gründer der Familie, keinen Geringeren als König Charles II. Seine Majestät hatte manche Mätresse, und für seine »natürlichen« Kinder sorgte er mit absolutistischer Umsicht. Als ihn Barbara Villiers, die spätere Duchess of Cleveland, mit einem Sohn beglückte, machte er den Bastard zum Herzog. Henry FitzRoy, 1. Duke of Grafton, heiratete standesgemäß Lord Arlingtons einzige Tochter, Isabella Bennet. Ihr Vater, mit Charles II. im Exil und nach der Restauration sein Staatssekretär, verheiratet mit einer Holländerin aus dem Hause Oranien, Graf Arlington hatte in London ein Stadtpalais (wo heute Buckingham Palace steht) und einen Landsitz an der Grenze zu Norfolk, Euston Hall. Im Oktober 1671 kam Charles II. zu Besuch. Es war, wenn wir den königlichen Bettgeschichten glauben dürfen, ein durchaus zwangloser Aufenthalt. Im folgenden Juli jedenfalls präsentierte Louise de Kérouaille, eine der Hofdamen, Seiner Majestät das Kind der Liebe von Euston Hall: Charles Lennox, den späteren Duke of Richmond.

Die *Royal Company* der Stuarts, die lockeren Lords und Ladies der Restauration, Kavaliere mit und ohne Hosenbandorden, in den Salons des Herzogs von Grafton sind sie noch heute versammelt, porträtiert von den Hofmalern Daniel Mytens, Peter Lely, Godfrey Kneller, Anthonis van Dyck: ein einzigartiges Stück Kunst- und Zeitgeschichte, Familien- und Machtpolitik. Alle Bilder im Haus, sagt der Duke, sind mehr oder weniger miteinander verwandt, »either by blood or by interest«. Die meisten dieser Gemälde hat Lord Arlington selbst gesammelt. Sein Favorit van Dyck war auch der Favorit des Königs. In Euston Hall sehen wir Charles I. im romantischen Jägerkostüm (eine Replik des Originals im Louvre), sein Doppelbildnis mit Queen Henrietta Maria, schließlich sein berühmtes Gruppenporträt der fünf Königskinder: in der Mitte der Thronfolger, in roter Seide, der siebenjährige Prince of

Wales (Charles II.), seine linke Hand auf dem Kopf eines riesigen Mastiffs, rechts von ihm Prinzessin Mary und der Duke of York (James II.), zu seiner Linken die Prinzessinnen Elizabeth und Anne, zu ihren Füßen ein kleiner King-Charles-Spaniel – Hofzeremoniell und Zauber der Kindheit, verbunden in einer wunderbaren Harmonie der Farben. Daß auch der Herzog von Grafton zwei Söhne und drei Töchter hat – ein königlicher Zufall. Sein Lieblingsbild? *Mares and Foals* von George Stubbs, Stuten und Fohlen aus dem Gestüt des 3. Duke of Grafton, in dessen Auftrag Stubbs mehrere Pferdeporträts malte. Dieses entstand nicht weit vom Haus am Ufer der Little Ouse; eines der Fohlen gewann später *The Oaks* in Epsom.

Auch er würde gerne Kunst sammeln, sagt der Duke, aber wohin damit? Die Wände seines Hauses seien doch schon »so stuffed with pictures«, mit Bildern gepflastert. Nur auf Piano und Tischen bleibt da noch Platz für die zeitgemäße Fortsetzung der Prominentenporträts, signierte VIP-Fotos im Silberrähmchen: Kaiser Hirohito, der Heilige Vater, die Reagans, Könige, Präsidenten – Trophäen vor allem der Duchess of Grafton von ihren vielen Reisen als Begleiterin der Queen. *Her Grace* ist seit 1953 *Lady of the Bedchamber* und seit 1967 *Mistress of the Robes*, dienstälteste, ranghöchste Hofdame der Königin.

Daß die Gemäldesammlung von Euston Hall bis heute so geschlossen erhalten blieb, ist eine Folge der englischen Primogenitur: »it goes to the eldest«, der Erstgeborene erbt alles – sofern er die Erbschaftssteuer bezahlen kann. Sein Vater, sagt der Duke, habe Mitte der dreißiger Jahre leider das kostbarste Gemälde an den alten Thyssen verkauft, ein Porträt des Renaissance-Meisters Sebastiano del Piombo. Immenser Erbschaftssteuern wegen mußte der 10. Duke of Grafton 1938 auch 2 000 Acres Land verkaufen, zum Spottpreis von zehn Pfund pro Acre. Jedermann riet ihm damals, zur Zeit der Weltwirtschaftskrise und der landwirtschaftlichen Depression: »Verkauf das Haus, oder du gehst bankrott!« Damals war Euston Hall noch dreimal so groß wie heute. Auf seinen Rat hin, erzählt der Duke, habe sein Vater 1952 fast alles abgerissen, was sein Großvater 1905 nach einem verheerenden Brand wiederaufgebaut hatte. Nur Matthew Brettinghams Nordflügel von 1750–56 und ein kleiner Teil des Westflügels blieben übrig. Damit ließ sich leben.

Bisher ist der 11. Duke of Grafton über die Runden gekommen, ohne das Familiensilber zu verkaufen. Aber heute sei alles noch schwieriger als damals. Anfang des 20. Jahrhunderts standen seinem Großvater etwa 20 Diener und 20 Gärtner zur Verfügung; sein Vater hatte in den dreißiger Jahren noch zwölf Diener und neun Gärtner. Und er? »Well, I don't want to go into that«, brummt *His Grace,* als müsse er sich die Schuhe nun selber putzen. Am besten geht es offensichtlich dem kleinen dicken Norwich-Terrier, den der Herzog unermüdlich mit Schokoladenbiskuits bedient. Mehr als 200 Arbeiter fanden im 19. Jahrhundert Lohn und Brot auf den Gütern von Euston. Heute sind es nicht einmal mehr 20 Land- und Forstarbeiter, mit denen der Duke seine 11 000 Acres bewirtschaftet, davon 3 500 Acres Ackerland, kein besonders ergiebiger Boden am Rand der Brecklands. »Die Aussichten sind nicht gut. Viele Häuser wie dieses, die auf den Ertrag ihrer Güter angewiesen sind, gehen schwierigen Zeiten entgegen.« Was kostet ihn die Unterhaltung von

Euston Hall? »No figures«, wehrt er ab, keine Zahlen. Alle fünf Jahre müsse das Haus gestrichen werden, allein das koste ihn rund 50 000 Mark, *absolutely appalling.*

Die Residenz der Herzöge von Grafton galt einmal als beispielhaft modern. »Überaus prächtig und bequem«, lobte John Evelyn bei seinem Besuch 1671. Evelyn, Tagebuchschreiber und Gartenenthusiast, beriet den Hausherrn bei der Anlage seines Parks und bewunderte vor allem »die Erfindung Sir Samuel Morlands«, das ausgeklügelte Wasserleitungssystem, »das die Familie versorgt und Wasser für die Springbrunnen und Arbeitsplätze heranschafft«. Samuel Morland war ein Ingenieur, der mit Pumpen und Dampfkraft experimentierte, *magister mechanicorum* am Hof Charles' II. und Berater Ludwigs XIV. bei seinen Wasserspielen in Versailles. Euston Hall gilt als erster Landsitz in England, der über fließendes Wasser verfügte, eine der großen Errungenschaften des 17. Jahrhunderts.

Die Segnungen der Spültoilette ließen indes noch auf sich warten. Indigniert beschreibt ein junger Edelmann aus Paris, François de La Rochefoucauld, was er am Vorabend der Französischen Revolution an der Tafel des Herzogs von Grafton erlebt: »Auf der Anrichte stehen etliche Nachttöpfe, und es ist allgemein üblich, sein Wasser abzuschlagen, während die anderen trinken; man tut das ganz ohne Scheu, ein Brauch, der mich sehr peinlich berührt.« Auch der Tageslauf entsprach wohl nicht französischem Geschmack: Frühstück um neun, alle vergraben sich in ihre Zeitungen; Punkt vier Uhr nachmittags Dinner, zwei Stunden Essen, gefolgt von zwei- bis dreistündigem Trinkgelage der Gentlemen unter sich. Diese Art Geselligkeit zählte La Rochefoucauld zum »Langweiligsten von allem, was englisch ist«.

Und Ihr Tageslauf, Sir? »Nicht anders als der von Mr. Smith«, sagt der Herzog von Grafton, »außer daß ich mit diesem ziemlich großen Haus geschlagen bin.« Frühstück, Büroarbeit, Rundgang mit dem Gutsverwalter, »tausenderlei Dinge, ich habe kaum noch Zeit, ins House of Lords zu gehen«. Doch hat er dort schon mehrfach über sein Spezialthema gesprochen, seine Lebensaufgabe: die *Heritage*-Frage. Seit sein Vater Euston Hall übernahm, kämpft der Herzog in vorderster Linie für die Erhaltung der historischen Landsitze. Früher waren Leute wie er »the lone boys fighting a lone battle«, ohne Geld, ohne gesetzliche Hilfe. Heute gibt es Dutzende von Denkmalschutzvereinen, jedermann kennt die Probleme. »Sogar die Labour-Regierung« habe die angedrohte Vermögenssteuer wieder zurückgezogen: »Sonst hätte man innerhalb einer einzigen Generation viele dieser Häuser und Kunstsammlungen völlig ruiniert.« Sicher sei ihre Zukunft indes nie: »Für ihre Besitzer bedeuten sie immer Pflicht und Sorge.«

Ausgerechnet der Herzog von Grafton, der seinem Vater riet, zwei Drittel ihres Hauses abzureißen, hat so viele Denkmalschutz-Ehrenämter wie kein anderer. *The Duke of Preservation*, wie man ihn nennt, ist Mitglied des *Historic Buildings Council*, der *Georgian Group* und der *Victorian Society*, von *English Heritage* und *Heritage in Danger*, er ist tätig im *National Trust* und in der *Historic Houses Association*, der Hauseigentümer-Lobby, und seit Jahrzehnten Vorsitzender der *Society for the Protection of Ancient Buildings*, der ältesten englischen Denkmalschutzbewegung, gegründet 1877 von William Morris. »Diese endlosen Sitzungen und

Komitees, ich habe nicht einmal mehr Zeit für mein Hobby.« Der Herzog malt, wie sein Vater, der die Tisch-Sets im Speisesaal kolorierte. Zu all dem war *His Grace* bis vor kurzem auch noch Präsident des *East Anglia Tourist Board.* Promotion des Fremdenverkehrs und Erhaltung der Landschaft, Denkmalschutz und Freizeitindustrie: das gibt zuweilen Interessenkonflikte, die ihn »ziemlich in Verlegenheit bringen«. Feriendörfer zum Beispiel, bis zu 700 Bungalows im Grünen: »Eine ganz neue Bedrohung der Countryside. Genau wie *Butlin's*«, sagt der Herzog, als hätte er Ketchup im Tee.

Donnerstage sind dem Duke ein Greuel. Donnerstags kommen Leute wie ich und Du. Einmal in der Woche, seiner öffentlichen Verantwortung bewußt, und auch das nur im Sommer, riskiert der Herzog das Äußerste, seine *privacy.* Sein Haus besichtigen zu lassen empfindet er als »überaus alarmierenden Schritt«. Bisher habe sich jedermann immer »außerordentlich gut benommen«; allein, man wisse doch nie, »wer da den Inhalt deines Hauses in Augenschein nimmt«. Man müsse ja die eigenen vier Wände zeigen, »the bit we live in«, und das sei »extrem ungemütlich«.

Dem Earl of Radnor in Longford Castle wäre derlei ein Graus: »Die Leute, die hierherkommen, mögen ja ganz nett sein, aber es heißt, man könne sie sogar riechen, und schließlich nimmt das Haus den Geruch eines Bahnhofs an.«

Zum Glück hat Euston Hall nicht mehr als 3000 Besucher im Jahr. Die Eintrittsgelder stiftet der Duke für wohltätige Zwecke. Auch die Aufseherinnen arbeiten ehrenamtlich, »these wonderful ten volunteers«, Hüterinnen des Hauses, diskrete Plaudertaschen, die den herzoglichen Stammbaum kennen wie ihr eigenes Familienalbum. Gerne erzählen sie von den Visiten der Queen Mother, vom üblen Einfluß der Mätresse Barbara Villiers auf den König und wie *His Grace* die Hosenbandordensrobe seines Großvaters auf dem Speicher fand: »So brauchte er für die Zeremonie nur noch einen neuen Hut.«

Unterdes hat der kleine dicke Norwich-Terrier des Herzogs die letzten Kekse verputzt. Die Audienz ist beendet. Ich gehe durch den Park hinüber zur Kirche. Die unscheinbare Fassade von St. Genevieve verbirgt ein elegantes Interieur von 1677, den Stadtkirchen Christopher Wrens vergleichbar, Gestühl und Stuckdecken von hoher Qualität, eine der seltenen authentisch erhaltenen Landkirchen der Restauration. Der Pfarrer, auch hier ist nichts mehr sicher, sammelt gerade das Altarsilber ein. »Links vorne ist die Bank der Graftons und dort ihre Familiengruft.« Die Gruft ist voll, der nächste muß hinaus auf den Friedhof.

Newmarket

Züchter, Zocker, blaue Reiter

Sie jagen über die Heide, sie grasen auf weiten Koppeln rings um die Stadt. Man sieht sie als Wetterfahne auf dem viktorianischen Uhrenturm, als Signet von *Ladbrokes* Wettbüro, lebensgroß in Bronze am Straßenrand, hochverehrt als Skelett im Museum. Auch der Konditor in der High Street hat im Schaufenster einen Pferdekopf aus Biskuit und Buttercreme. Die Kneipen heißen »Zum Hufeisen« oder »Zum Rennpferd«, und auch wenn sie nicht so heißen, sind sie voller Pferde: gemalte, gedruckte, gestochene Pferde, Pferde im Stall, beim Derby, auf der Jagd, Pferde überall. Als seien wir, wie Gulliver, in das Land der Houyhnhnms geraten, ins Reich der edlen Pferde.

Newmarket hat 15000 Einwohner und 3000 Pferde. Dies ist das Paradies der *horsey people*, die Hochburg des englischen Turf. Jeder vierte Einwohner von Newmarket hat direkt oder indirekt mit der *racing industry* zu tun: als Stallbursche, Jockey, Trainer, Sattler oder Händler. Hier werden die Derbysieger von morgen gezüchtet und trainiert. Hier, nicht in Ascot, ist das National Horseracing Museum. Als auf der Heide von Epsom noch die Schafe blökten, schickte König Charles II. schon in Newmarket Heath seine Pferde ins Rennen. Im National Stud von Newmarket läßt die Queen ihre Stuten decken. Hier hielt

Fürst Pückler nach Pferden und Frauen Ausschau, hier malte George Stubbs, hier lebt Lester Piggott und die Legende vom Ruhm und Tod des Jockeys Fred Archer. Das Gemälde von Gimcrack, das Gerippe von Eclipse, das Grab von Mill Reef – heilige Pferde der Nation, Reliquien von Newmarket. Hier residiert der Jockey Club, oberste Instanz des britischen Galoppsports, und die Firma Tattersalls, Englands ältestes, Europas größtes Auktionshaus für Vollblüter. Newmarket, das heißt Pferde und sonst nichts.

Ich nehme Logis im »Rutland Arms«, einem Postkutschengasthof von 1815. Hier stand einmal die Residenz Charles' II. Daran erinnert der Name Palace Street und hinter dem Hotel ein Fachwerkhaus mit einem modernen Terrakottaporträt des Königs und seinem letzten Willen: »and let not poor Nelly starve ...« Laßt die arme Nelly nicht darben: die Schauspielerin Nell Gwyn, eine seiner vielen Mätressen, die der *Merry Monarch* hier einquartierte (»I think there's no hell / like loving too well«). Charles II., Förderer von Wissenschaft, Kunst und Vergnügen, kam seit 1665 regelmäßig nach Newmarket zum Pferderennen, zusammen mit dem Duke of Buckingham, dem Earl of Rochester und anderen Playboys der Restauration. Die einzigen Lebewesen, in deren Gesellschaft er sich wohl fühle, bemerkte er einmal, seien Pferde, weil sie ihn als ihresgleichen behandelten, nämlich wie einen König. Rowley hieß sein Lieblingspferd; daher sein Spitzname *Old Rowley* und der Name *Rowley Mile* für die wahrhaft königliche Rennbahn von Newmarket. Sie ist über zwei Kilometer lang, 53 Meter breit und hat die längste und breiteste Gerade aller Rennplätze der Welt – »across the Flat«. Hier finden zwei der fünf klassischen englischen

Galopprennen statt, das 1000 Guineas (seit 1814) und das 2000 Guineas (seit 1809), zum Saisonauftakt im Mai.

Charles II. gründete ein eigenes Gestüt in Newmarket und blieb bis zu seinem Tod Schirmherr der Rennen: »The greatest monarch we've ever had – on a racecourse« (Lord Northcliffe). Die königliche Tradition begann indes schon vor *Old Rowley*. Sein Großvater, der Stuart-König James I., hatte bei einer Hasenjagd 1605 erkannt, welch ideale Voraussetzungen zum Pferderennen das flachgewellte Gras- und Heideland bot. Noch als Prinzregent ließ sich sein Sohn, der spätere König Charles I., in dem obskuren Dorf Newmarket von Inigo Jones eine standesgemäße Residenz bauen. Sie fiel jenem Feuer zum Opfer, das 1883 den größten Teil des alten Ortskerns zerstörte. Seitdem sind in Newmarket die Pferdeställe schöner als die Häuser.

Prinny und *Tum Tum*, zwei Prinzen von Wales, verkürzten sich ihre fast sechzigjährige Wartezeit auf die Königskrone nicht zuletzt mit Pferderennen und Wetten in Newmarket: der spätere George IV. und Edward VII. »Der alte Pfau«, wie Kaiser Wilhelm II. seinen Onkel Eduard nannte, hat im Nationalmuseum des Pferdesports einen Ehrenplatz: Da schaut hinter einer Stalltür der ausgestopfte Kopf seines Derbysiegers von 1896 hervor – O Persimmon, der du hangest! In vitaler Unschuld vereint: die Haare seiner Lieblingspferde im Silberrahmen neben den schwarzen Rennstiefeletten seiner Mätresse Lillie Langtry. Der flotte Edward, ältester Sohn Queen Victorias, wurde mit seiner Vorliebe für schnelle Pferde, Frauen und Varieté zum Inbegriff der *Naughty Nineties* und später der edwardianischen Zeit. Die Zigarre in der Hand, den Zylinder keck verrutscht, so stand Bertie mit Lillie Langtry an der Rennbahn, wie einst King Charles mit seiner Nelly. Sie hatte ein eigenes Gestüt in Newmarket und beträchtlichen Einfluß auf Edwards Wetteinsätze. Allein mit den Nachkommen seines Zuchtpferdes Perdita II. gewann der königliche Zocker in 26 Rennen rund eine Million Mark.

Im Museum von Newmarket lernen wir auch Tregonwell Frampton kennen, »Father of the English Turf«. Frampton, heißt es, haßte Frauen, liebte Hahnenkämpfe, Hetzjagden mit Hunden und alles, was mit Pferden und Glücksspiel zu tun hatte – die ideale Kombination für ein Hofamt, das er als erster bekleidete: *Keeper of the Running Horses.* William III. und Queen Anne ließen ihre Pferde in Newmarket von Frampton trainieren. Auch unter ihren am Reitsport völlig desinteressierten Nachfolgern George I. und George II. behielt er dieses Amt. Über dreißig Jahre lang regierte Tregonwell Frampton als oberster Rennrichter in Newmarket, bevor der Jockey Club die Zügel übernahm.

Der *Jockey Club* ist der Heilige Stuhl des britischen Galoppsports. Er residiert in der High Street in einem viktorianischen Backsteingebäude, das 1933 im neogeorgianischen Stil erweitert wurde. Hinter schweren roten Samtvorhängen abgeschirmt von den neugierigen Blicken der Straße liegt der Coffee Room von 1771, der historische Kern des Clubs. Im Eingang hängen ein paar lederne Feuerlöscheimer mit den Initialen C R: »Von Charles II.«, erklärt Mr. Fellowes, »daraus wurden die Pferde gefüttert.« Robert Fellowes, ein graumelierter Herr in grauem Tweed, war Generalsekretär des Clubs, als ich ihn traf. Er sei im selben Jahr geboren wie Hyperion, stellt er befriedigt fest, 1930. Hyperion von Lord Derby, nicht von Hölderlin: Der berühmte Epsom-Sieger aus Newmarket steht lebensgroß in Bronze am Stadtrand, an der Straße nach Snailwell.

Größter Grundbesitzer von Newmarket ist der Jockey Club. »Uns gehört die ganze Umgebung«, sagt Mr. Fellowes: die Rennplätze, Trainingsgelände von rund 50 Kilometer Länge, insgesamt 1720 Hektar Land. Für die Erlaubnis, die Heide zu benutzen, zahlen die Trainer dem Jockey Club eine monatliche *Heath Tax* für jedes ihrer Pferde. Der Club seinerseits beschäftigt etwa 45 *groundsmen* zur Pflege des kostbaren Turfs. Die *gallopmen* kümmern sich um die *gallops*, das Trainingsgelände östlich der Stadt, die *heathmen* um die Rennplätze am anderen Ortsende. Sie markieren die regelmäßig wechselnden Galoppstrecken (früher mit Büscheln aus Fichtenzweigen, heute aus Plastik), sie reparieren den Rasen mit Reservegras aus dem Gewächshaus, wie Minensuchtrupps kontrollieren sie die Beschaffenheit des Bodens. Daß König William III. zu Tode kam, als sein Pferd über einen Maulwurfshügel strauchelte, war bedauerlich. Nicht auszudenken aber, wenn Shahrastani sich hier beim Training einen Knöchel bräche, der Derby-Star des Aga Khan. Der *July Course*, makellos wie ein Perserteppich, darf nur im Sommer benutzt werden, die *Rowley Mile* nur im Frühjahr und Herbst. Entlang beider Rennbahnen wurden Bewässerungslöcher in die Erde gebohrt, auf daß auch bei langen Trockenperioden der Turf nicht leide. Sogar im Krieg war den Engländern Newmarket so heilig wie der Rasen von Wimbledon. Zwar nutzte man einen Teil des Geländes als Flugfeld, aber eine Betonpiste kam nicht in Frage. In beiden

Weltkriegen wurde das Derby von Epsom nach Newmarket verlegt: Eine nationale Institution wie diese ließ sich durch nichts unterbrechen.

Natürlich betreibt der Jockey Club nicht nur Rasenpflege. »We run and rule the races«, sagt Mr. Fellowes, »wir veranstalten und beaufsichtigen die Rennen, ohne uns läuft nichts.« Bis zur Gründung des British Horseracing Board (1993) war der Jockey Club oberster Gesetzgeber und Schiedsrichter in allen Fragen des Turfs. Die Autorität dieser selbstgewählten, sich selbst kontrollierenden Rennloge bekam auch der spätere König George IV. zu spüren. Als sein Jockey nach einem dubiosen Sieg 1791 vor das Clubgericht zitiert wurde, verkaufte *Prinny* sein Gestüt und besuchte Newmarket nie wieder. Der gefürchtete *Stewards' Room* hat als einziger Klubraum keinerlei Bilder. Wer gegen die Regeln verstieß, mußte sich hier stehend vor den Stewards verantworten, auf einem Teppich – »he was carpeted«, hieß es, oder »on the mat«. »Heutzutage darf der Delinquent sich setzen, einen Anwalt nehmen, sogar Berufung einlegen«, erläutert Mr. Fellowes, »alles ist heute sehr demokratisch, leider.« Sogar Frauen sind seit 1977 als Mitglieder im Jockey Club zugelassen – Jockeys nicht. Einzige Ausnahme: der verstorbene Gordon Richards, Turfstar mit 4870 Siegen. Aber auch er wurde nur Ehrenmitglied, und auch das erst, nachdem er – als einziger englischer Jockey – geadelt war.

Daß Jockeys im Jockey Club nichts zu suchen haben, hat seine Gründe. Die Rennen begannen, indem zwei Gentlemen wetteten: Mein Pferd ist schneller als deines. Dann trafen sie sich mit Freunden und ritten selbst auf ihren Pferden um die Wette. Professionelle Jockeys heuerten sie erst später an. Es war ein reiner Amateursport unter Aristokraten. Diese Gentlemen gründeten 1752 in der Pall Mall in Londons *Clubland* den Jockey Club. Zwanzig Jahre später zogen sie um nach Newmarket, in ein Kaffeehaus in der High Street. Dieser *Coffee Room* ist originalgetreu erhalten, mit abgewetzten Ledersofas, Mahagonitischen und jener unvergleichlichen Atmosphäre kultivierten Müßiggangs. An den Wänden bizarre Cut-out-Figuren edwardianischer Rennplatz-Dandys: Lord Rothschild, Howard de Walden und andere Exzentriker aus der Belle Époque des Jockey Clubs. Hier also haben sie gesessen, parliert, gebechert und gedöst, die blauen Reiter der Aristokratie, hier haben sie ihre Witze und Wetten gemacht, notorische Zocker wie *Old Q*, der Duke of Queensberry, große Turfdiktatoren wie Admiral Rous und Lord Bentinck, der dem Club seinen Feldstecher hinterließ.

Einige hielten sich Pferde, um ihre Spielschulden zu tilgen; andere spielten, um sich Pferde zu halten. Alljährlich trafen sie sich reihum in Epsom, Ascot, Doncaster, Goodwood, auf dem großen Pferdekarussell der Gesellschaft. Mochten die anderen Orte mehr Glamour haben, Newmarket war das Mekka der Experten, ihr Fixstern der Jockey Club. Er sicherte den *enjoying classes* ein Klassenprivileg, das sie auf den Rennplätzen längst verloren hatten. Der Aristokratensport war zum Volksvergnügen geworden. Vollblutpferde, deren Stammbaum länger war als der ihrer Besitzer, galten als Entreebillett der Neureichen auf die Tribünen des Adels. »Auf dem Rennplatz und unter dem Rasen sind alle Menschen gleich«, heißt ein englisches Sprichwort. Wer etwas weniger gleich sein wollte, war Mitglied im Jockey Club. Bürgerliche hatten da keine

Chance. Zum Beispiel Dennis O'Kelly, irischer Selfmademan des 18. Jahrhunderts. Er begann seine Karriere als Sänftenträger in London, machte ein Vermögen durch Rennpferde und Wetten, heiratete eine stadtbekannte Kurtisane, erwarb den Landsitz des Herzogs von Chandos – der Club der Herrenreiter blieb ihm verschlossen. Statt seiner hielt sein Pferd Einzug im Jockey Club: Eclipse, gemalt von George Stubbs, um 1770.

»Um in den Jockey Club aufgenommen zu werden, muß man schon mit dem lieben Gott verwandt sein, und zwar ziemlich eng«, kommentierte ein Industrieller unserer Tage seine gescheiterte Kandidatur. »Noch bis vor zwanzig Jahren waren unsere Mitglieder *members of the English establishment*, gewählt von ihresgleichen, weil ihr Vater schon dazugehörte, weil sie die großen Gutsherren waren oder einfach nur die richtigen Leute am richtigen Platz.« Mr. Fellowes zieht Bilanz: »Früher wäre der Besitzer einer Ladenkette nie Mitglied im Jockey Club geworden, heute ja – because they know how to run a business.« Und Pferdesport ist, mehr denn je, *big business*. Darum ist inzwischen auch der Bauunternehmer McAlpine *clubbable* geworden, der Billigflieger Freddie Laker ebenso wie David Sieff von Marks & Spencer. Vielleicht ist der Jockey Club nicht mehr der vornehmste, mit Sicherheit aber der reichste Club Englands. Dafür stehen vor allem so exotische Namen wie Scheich Maktoum ben Rashid el Maktoum oder Prinz Khalid ben Abdulla. »Die Araber sind die neue Aristokratie des englischen Pferdesports«, sagt Mr. Fellowes, »sie investieren hier enorme Summen.«

Sechs der 72 Rennställe und Vollblutgestüte in Newmarket und 20 Prozent der Pferde gehören den Arabern.

Hier züchten sie ihre eigenen Derbysieger. Als Shahrastani 1986 für den Aga Khan in Epsom gewann, hatten nicht einmal mehr zehn Prozent der dort gestarteten Pferde englische Besitzer. Bedauerlich, meint Mr. Fellowes, sehr bedauerlich, aber nicht hoffnungslos. Mögen die Amerikaner die besseren Zuchthengste haben und die Scheichs das große Geld, die Engländer haben den besten Rasen. Warum sonst kämen die Wüstensöhne mit ihren Kentucky-Stars zum Training nach Newmarket? »There was nowhere else to go!« Und haben die Araber hier nicht für zwei Millionen Mark eine neue Rennbahn gestiftet? »Die können sie jedenfalls nicht mitnehmen, sollten sie ihre Ställe in Newmarket abbrechen.«

Mr. Fellowes führt mich durch den Jockey Club. Das Haus ist so still, daß man die Pferde auf den Bildern wiehern hört. Nur zu den großen Rennen im Frühling und Herbst und zu Tattersalls' Auktionen treffen sich hier die ehrenwerten Mitglieder. Den Rest des Jahres über steht das Haus mit seinen Salons, Speisesälen, sechs Apartments und neunzehn Schlafzimmern leer: wahrer Luxus. Im Jockey Club, und das unterscheidet ihn wohltuend von anderen, hängen möglichst nicht Porträts seiner Mitglieder, sondern die ihrer Pferde. Der Dining Room etwa ist eine Elitegalerie für Hippologen: »all Derby winners, all owned by our members, all painted by Adam« – Emil Adam, ein bayerischer Maler der Jahrhundertwende, der hier zu fernen Ehren kam. Im Jockey Club hat auch ein Huf von Eclipse seine letzte Ruhe gefunden, in Gold gefaßt, auf eine Silberschale montiert, ein Geschenk Williams IV. Das National Horseracing Museum, gleich nebenan, hütet das gesamte Skelett, als wär's das Pferd des Pharao. Wer war Eclipse?

Geboren während der großen Sonnenfinsternis (*eclipse*) vom 1. April 1764, machte dieser Wunderhengst seinem Namen auch im übertragenen Sinn alle Ehre (*to eclipse* heißt: jemanden in den Schatten stellen). Mit einem legendären Satz prophezeite der irische Zocker Dennis O'Kelly dem Pferd einen glänzenden Sieg: »Eclipse first, the rest nowhere.« Weit vor den anderen, meist mit 20 Längen Vorsprung, gewann Eclipse alle Rennen. Beizeiten kaufte O'Kelly das Pferd aus dem Gestüt des Duke of Cumberland, zusammen mit dem *Eclipse*-Porträt von George Stubbs. Nie besiegt, tat der Edelrenner auch im Ruhestand sein Bestes: acht von zehn Vollblütern stammen in direkter Linie von ihm ab, darunter allein 90 Derbysieger. Dem Geheimnis dieses Zuchterfolgs kam auch der Direktor der Königlichen Akademie der Tierärzte in London nicht auf die Spur, der das Pferd der Pferde nach seinem Tod 1789 sezierte. O Eclipse, Flying Dutchman und Diamond Jubilee, o Nijinski und Macaroni, Dante und Blücher, ihr strahlenden Derbysieger, o Gainsborough und Pretty Polly, Arctic Prince, Magic Mirror, Never Say Die, eure Namen sind Poesie, euer Rennen ist gelaufen, und wenn es schön war, sind davon ein Huf oder ein Zahn, Sattel oder Zügel übriggeblieben in den Reliquienkammern von Newmarket. Mein Favorit: der Schweif von Gladiateur, Derbysieger von 1865: »his tail was the view enjoyed by the other runners.«

Natürlich ist dies auch ein Walhalla der Jockeys, der »Giants of the Turf«: Frank Buckle, der fünf Derbys gewann, Charles Trigg (*Hellfire Jack*), Elijah Wheatley, genannt *the Whippet*, weil er so dünn war, daß der Wind ihm durch die Rippen pfiff. »Diminutivgreise« nannte sie Fürst

Pückler, »möglichst kleine und schmächtige Leute, die sich durch künstliches Schwitzen, Purgieren usw. fortwährend soviel als möglich reduzieren«. Fürst Pückler, in besseren Tagen selber Rennstallbesitzer, hatte einen Jockey aus Newmarket, »der unter anderem in Wien eine bedeutende Wette für mich gewann«. Jockeys waren Idole der Nation wie heute die Fußballstars. Einer überstrahlt sie alle, mit triumphalen Siegen und einem tragischen Ende: Fred Archer, ein Mythos des Pferdesports. 1000 Guineas, 2000 Guineas, Oaks und Derby: Fred Archer ritt von Sieg zu Sieg. Oft bestritt er mehr als 600 Rennen im Jahr. Auf dem Höhepunkt seiner Karriere, 1880, verdiente er jährlich rund eine halbe Million Mark. *Archer's up*, grüßten sich in London die Taxifahrer: »Alles in Ordnung«. Wenige Monate nach seinem fünften Derbysieg, 1886, nahm der neunundzwanzigjährige Jockey in seinem Haus in Newmarket einen Revolver, den ihm ein Freund geschenkt hatte, mit eingravierter Widmung »T. Roughton, Trainer of the good horse Stirling«, und erschoß sich. Fred Archer verkörpert wie kein zweiter Glanz und Elend der Jockeys. Ihr Leben war oft eine einzige Hungerkur, ihr Alptraum vor jedem Rennen der *Weighing Room*, das zulässige Höchstgewicht von acht Stones (rund 50 Kilo). Lester Piggott auf die Frage, was er nach seinem Abschied als Jockey tun werde: »eating«, endlich essen.

Lester Piggott ist der berühmteste Einwohner von Newmarket, die schillerndste Figur in der Welt des Turfs, der »Reiter des Jahrhunderts« (*Observer*). Seine Vorfahren saßen seit zwei Jahrhunderten als Jockeys und Trainer im Sattel. Mit zwölf bestritt Lester Piggott sein erstes Rennen, mit achtzehn gewann er sein erstes Derby, auf dem Außenseiter Never Say Die. Neun Derbysiege, 29 Siege in den englischen *classics*, 4349 Siege auf 19806 Pferden in 28 Ländern: was für eine Bilanz nach 38 Jahren! Lester Piggott ritt mit gebrochenem Fuß und gebrochenen Rippen, mit Sehstörungen, punktierter Lunge, angenähtem Ohr und Nierenkolik: »Gewinnen kann man nur, wenn man ständig gewinnen will.« Nur im Sattel schien er zu leben. Er war verschlossen, wortkarg, kein Showstar. Selten sah man ihn lächeln. Für einen Jockey war er ungewöhnlich groß: 1,71 Meter. Er galt als harter, oft rücksichtsloser Galoppreiter mit einem genialen Gefühl für sein Pferd und seine Chance. So wurde »der Mann mit der goldenen Gerte« zum Multimillionär. Mit fünfzig Jahren, 1985, trat Lester Piggott als Jockey ab und begann eine zweite Karriere als Trainer in Newmarket. Wenig später fand seine Laufbahn ein schmähliches Ende. Wegen Steuerhinterziehung in Millionenhöhe wurde der *national hero* und Träger des *Order of the British Empire* zu drei Jahren Gefängnis verurteilt. Nach seiner Entlassung zog Lester Piggott sich in sein Haus Florizel in der Hamilton Road in Newmarket zurück – und begann schon bald erneut zu reiten. Erst 1994, fast 60 Jahre alt, trat er endgültig ab, Englands ältester Jockey. *Never Say Die.*

Jeden Mittwoch und Samstag treffen sich alle zum Training auf der Heide, morgens zwischen halb sieben und sieben. Aus unscheinbaren Toren mitten in der Stadt, an denen man gestern noch ahnungslos vorbeiging, aus den großen Gestüten am Ortsrand, von überallher, zu Hunderten kommen jetzt die Reiter, mit roten, gelben, blauen, leuchtenden Satteldecken, den Farben ihrer Trainingsställe, und traben in langen Reihen zu den *gallops* auf beiden Seiten der Bury Road. Wenn sie dann warmgeritten sind und in kleinen Pulks über den Warren Hill galoppieren, den langgestreckten Hang hinauf, mit trommelnden Hufen an dir vorüber, jetzt nur noch Silhouetten am Hügelkamm – das ist einer jener großen, klassischen Augenblicke der englischen Landschaft, unverändert seit den Tagen von *Old Rowley*: Trainingsalltag auf Newmarket Heath. »Eben sind siebeneinhalb Millionen Dollar an dir vorbeigeritten«, sagt David, ein Aficionado. Gemeint ist Jareer, die Derby-Hoffnung eines Scheichs. Hier galoppiert das große Geld. Unbeweglich beobachtet ein Reiter die Bahn: »a trainer on his hack«, Michael Jarvis auf seinem alten Gaul. David kennt sie alle: den Exchampion Dough Smith, einziger Jockey, der für zwei britische Könige klassische Rennen gewann; Michael Stoute, Trainer der Derbysieger des Aga Khan; den großen Henry Cecil, Steve Cauthen, *the Kentucky Kid*, und den neuen italienischen Starjockey Frankie Dettori.

Nach zwei Stunden trotten alle zurück in ihre Ställe zum Frühstück. Dann wieder eine Stunde Training, Mittagspause, nachmittags noch einmal zwei Stunden *gallops*. »It's a hard life«, sagt David. Ein *stable lad*, der die Ställe ausmistet und meist auch die Pferde reitet, verdient rund tausend Mark netto im Monat. In ihrer Freizeit treffen sich die *lads* zum Billard oder Boxen in ihrem Klub, dem »New Astley« im Fred Archer Way. Einige Stallburschen züchten Tauben; alle träumen sie von einer Karriere wie der von Lester Piggott.

Rund 70 Trainer arbeiten heute in Newmarket. Im 19. Jahrhundert hielten sich die reichen *Lords of the Turf* eigene Rennställe samt Trainer. Inzwischen führen die meisten Trainer Ställe mit oft über hundert Pferden von verschiedenen Besitzern. Dem Trainer Gavin Pritchard-Gordon zum Beispiel gehören die Rennställe von »Fairhaven«, die Lord Derby 1902 in Newmarket errichtete, neben seinem Landsitz Stanley House, wo der jetzige 18. Earl of Derby, Besitzer von achtzehn Rennpferden, zur Zeit der Rennen wohnt. Erfolgreiche Trainer verdienen heute bis zu 300 000 Mark im Jahr. Das ist noch bescheiden, gemessen daran, was Pferde kosten und an Preisgeldern gewinnen können.

Gott schuf das Pferd, der Engländer das Rennpferd. Newmarket ist der Beweis. Bei seinem Besuch im Oktober 1826 berichtet Fürst Pückler seiner Frau, nach dem Frühstück gehe man »noch eine halbe Stunde auf die Pferdeauktion, welche, von dem allbekannten Herrn Tattersall geleitet, beinahe alle Tage auf offener Straße stattfindet, und reitet oder fährt dann zum Wettrennen«. Zur Dezember-Auktion von *Tattersalls* kommen heute die *horsey people* aus aller Welt. Tattersalls ist das Sotheby's des Turfs. Es liegt auf einer leichten Anhöhe mitten in der Stadt, nicht weit vom Jockey Club und nur wenige Jahre jünger als dieser.

Richard Tattersall, Sohn eines Wollhändlers aus Yorkshire, begann 1766 an Hyde Park Corner in London, den Gentlemen der City Pferde, Kutschen und Jagdhunde zu verkaufen. So entstand Englands erste, Europas größte Auktionsfirma für Vollblüter (im selben Jahr übrigens wie Christie's). Mit seinem Straßenhandel machte *Old Tatt* ein Vermögen. Bester Kunde war der Prinzregent, der spätere George IV. Zur Krönung 1824 erwies ihm die Firma höchst werbewirksam die Reverenz: Sie errichtete an Hyde Park

Corner einen Brunnen in Form einer Rotunde mit ionischen Säulen, zuoberst die Büste des Monarchen, unter dem Baldachin ein Fuchs – Symbol des königlich-nationalen Jagdvergnügens, Signet des Hauses Tattersalls bis heute. Dies exzentrische, überaus englische Denkmal für das meistgehetzte Tier des Landes machte jeden Umzug der Firma mit: 1865 nach Knightsbridge Green, und als auch dort die Stadtplaner die Pferde vertrieben, 1939 nach Newmarket. Vor dem Jockey Club in der High Street hatten die Tattersalls indes schon seit dem Ende des 18. Jahrhunderts ihre Auktionen abgehalten. Heute findet die Parade der Vollblüter in Park Paddocks statt, in einer neogeorgianischen Arena aus Backstein (1965). In den Stallungen ringsum ist Platz für 700 Pferde. Es riecht nach *big business.*

In einem guten Jahr wie 1984 verkaufte Tattersalls rund 3100 Vollblüter für insgesamt 82,6 Millionen Guineas, etwa 320 Millionen Mark. Jedes Pferd kostete also im Durchschnitt über 100 000 Mark – »top prices for the best British blood«. Ein vergoldeter Pegasus auf dem Dach der Auktionsarena zeigt an, woher der Wind weht. Als der griechische Reeder Stavros Niarchos 1982 in Newmarket die dreijährige Tenea ersteigerte, zahlte er den damaligen Rekordpreis von fast fünf Millionen Mark. Natürlich können Sie bei Tattersalls auch mal ein Schnäppchen machen: »He was cheap at 20 000«, heißt es dann, wenn Sie hier für runde 60 000 Mark den Zuschlag bekommen. Das ist in der Tat billig, denken Sie an Shergar: Der 1983 entführte (und nie wieder aufgetauchte) Derbysieger und Zuchthengst der Familie Guinness hatte einen Wert von etwa 40 Millionen Mark. Derart astronomische Summen sind weniger fiktiv als Van-Gogh-Preise. Sie setzen sich aus zwei Faktoren zusammen: klassische Rennsiege und anschließende Zuchterfolge, entsprechend also Preisgelder und Deckhengst-Prämien in Millionenhöhe. Tattersalls, bis 1942 in Familienbesitz, hat in den letzten sechzig Jahren mehr als siebzig Sieger von Derbys und anderen *classics* verkauft, eine stolze Bilanz. Versteigert werden indes meist Jährlinge, die ein bis zwei Jahre alten Nachwuchsrenner. Rund 110 000 Vollblutfohlen werden heute weltweit in jedem Jahr geboren – »overproduction on the bottom end«, ein Überangebot schwacher Pferde, klagt man bei Tattersalls. Ihre besten Kunden, arabische Millionäre, sind als Züchter zugleich die schärfste Konkurrenz für Englands florierende *bloodstock industry*.

Als Tattersalls 1939 im Auftrag des Aga Khan zwei seiner Derbysieger, Bahram und Mahmoud, nach Amerika verkaufte, ging ein Aufschrei der Empörung durch die Nation. Ein Mitglied des Jockey Clubs hatte exklusive britische Erbanlagen ins Ausland gebracht. Für Vollblutpatrioten war das unverzeihlicher als Spionage für den KGB. Zum Glück gibt es ein Bollwerk gegen den Ausverkauf nationaler Pferdezuchtinteressen, den National Stud. Geschäftsgrundlage ist Tattersalls' Devise: »Man paart die Besten mit den Besten und hofft das Beste.«

Der National Stud liegt an der Straße nach Cambridge, jenseits des Devil's Dyke. Dieser Erdwall der Bronzezeit, fast dreizehn Kilometer lang und sechs Meter hoch, läuft quer durch die Heide von Reach bis Ditton Green und bei Newmarket mitten durchs Renngelände. *The Ditch*, eine gute Naturtribüne, trennt die Rowley Mile vom July Course mit der schnurgeraden Bunbury Mile. Schon in prähistorischer Zeit hat man in der Gegend von Newmarket Pferde gezüchtet, heißt es im Jockey Club; die Iceni, für ihre Reitkünste bekannt, hätten sogar Pferde nach Rom exportiert. Die englische Vollblutzucht begann erst sehr viel später: mit drei arabischen Edelhengsten, importiert im späten 17. und frühen 18. Jahrhundert und mit einheimischen Stuten gekreuzt. Der »Byerley Turk«, der »Darley Arabian« und der »Godolphin Arabian« gelten als Gründerväter der *English Thoroughbreds*; alle Vollblutpferde der Welt stammen von ihnen ab. Das wissen wir halbwegs genau dank James Weatherby aus Newmarket. Damit die so erfolgreich gemischte Rasse fortan rein bleibe, begann er 1791 im Auftrag des Jockey Clubs, über Zucht und Unzucht in den Ställen Buch zu führen. Dieses *Stud Book*, die Bibel der britischen Vollblutfreunde, wird bis heute von der Familie Weatherby herausgegeben. Trotz aller Systematik der Züchter, trotz der Arbeit von Trainern und Jockeys rennen die Stars dann doch meist ganz anders – zum Glück und zur Verzweiflung der Zocker. In diesem abenteuerlichen, absurden, schönen Spiel der genetischen und sportlichen Kräfte ist der National Stud von Newmarket der ehrgeizigste Versuch, das vollkommene Pferd zu züchten, den geborenen Derbysieger.

Alles ist weitläufig hier, großzügig, klinisch rein und ruhig wie ein Kurpark. Vorbei die martialischen Anfänge des National Stud, der im Ersten Weltkrieg gegründet wurde, 1916 in Irland, um Pferde für die Kavallerie zu züchten. 1967 bezog das Gestüt die neuen Ställe von Newmarket. Auch dieses Gelände gehört dem Jockey Club, 200 Hektar, »a lot of grass«. Die hier grasen, sind zu Höherem bestimmt, die Elite der Vollblutwelt. Final Straw, Star Appeal,

Royal Palace: Musik in den Ohren der *horsey people.* »Hier grasen die Stuten der Herzogin von Norfolk«, sagt mein Begleiter beiläufig, »und dort ein paar Gäste aus dem Gestüt Schlenderhahn.« Was Namen betrifft, geht es hier im übrigen diskreter zu als in jedem Eheanbahnungsinstitut. Preise? Nun ja, seine Stute hier decken zu lassen kostet pro Woche rund 240 Mark Logis; mit zehn Wochen muß man rechnen; das Ergebnis hat seinen Preis: Deckgebühren bis zu 200 000 Mark. In den Ställen ist Platz für rund 140 Stuten. Auch die Queen läßt hier decken, auch sie guter Hoffnung, endlich einen Derbysieger zu züchten. Sechs Hengste sind derzeit im National Stud im Einsatz, »for the benefit of the British bloodstock industry«. Die Hengste der Nation gehören weder dem Staat noch einzelnen, sondern internationalen Syndikaten verschiedener Besitzer. In goldenen Lettern prangt ihr Stammbaum an der Stalltür. Einer ist pensioniert: Royal Palace, Derbysieger von 1967 – »he retired, wir geben ihm sechs Stuten im Jahr, just to keep him happy«.

Und wenn er dann gestorben ist, wird Royal Palace neben Tudor Melody liegen, auf dem Pferdefriedhof des National Stud. Auch Never Say Die ist hier begraben, mit dem Lester Piggots Karriere begann, und der unvergeßliche Mill Reef, als Deckhengst so erfolgreich wie als Derbysieger. Seine Bronzestatue steht am Hauptweg des National Stud. Mill Reef gehörte dem amerikanischen Milliardär und Mäzen Paul Mellon, Stifter des *Centre for British Art* in Yale. Er vor allem, ein Sammler großen Stils, trug mit seinen Ankäufen zur Neubewertung jenes Künstlers bei, der in Newmarket einige seiner schönsten Motive fand: George Stubbs.

Manchmal ist es ein einziges Bild, das den Geist eines Ortes, die Geschichte einer Leidenschaft vollkommen verkörpert. *Gimcrack* ist so ein Bild, George Stubbs hat es gemalt, um 1765. Eine scheinbar alltägliche Szene auf der Heide von Newmarket: galoppierende Reiter im Hintergrund, vorne ein Grauschimmel nach dem Rennen, von seinem Trainer gehalten, daneben der Jockey, am Boden knieend ein Stallbursche, der das erhitzte Pferd mit Stroh trockenreiben wird – *rubbing down* heißt diese Arbeit, die vor einem Ziegelhaus stattfindet, dem *rubbing-down house.* Alle Beteiligten in strengem Profil, das Pferd mit seidig schimmerndem Fell, Kopf und Hals schmal, lang, wie zum Bogen gespannt für den pfeilschnellen Körper, dessen Energie im Stillstand noch gesteigert ist, erstarrt wie das Kräfteparallelogramm von Haus und Dach. Subtil kalkuliert die Geometrie der Linien, Räume und Zwischenräume, die Balance der Komposition. Sublim beobachtet das Verhältnis zwischen Tier und Menschen, das Geflecht der Blicke und Gesten, die natürlichen Abstände und sozialen Abstufungen zwischen Trainer, Jockey und Stallburschen, alle drei nur Rahmen für das Pferd. Mit wieviel Realismus und Sympathie hat Stubbs das gemalt, in gedämpften Ockertönen vor dem kühlen hellblauen Himmel von Newmarket Heath. Ein Stück Rennalltag, zugleich ein historisches Turfereignis und das Porträt eines Siegers. Stubbs malt ja nicht irgendein Pferd, sondern Gimcrack, einen Superstar seiner Zeit, und nicht irgendein Rennen, sondern das vom 10. Juli 1765, Gimcracks spektakulären Sieg für den 2. Viscount Bolingbroke. Er war der Besitzer des Pferdes und Auftraggeber des Bildes.

Stubbs' Mäzene waren *the lords of the turf,* die Mitglieder

der Sport-Aristokratie. Sie organisierten die großen Rennen und Jagden, sie prägten die Kultur der Landsitze. Ihre Frauen ließen sie von Gainsborough und Reynolds malen, ihre Pferde von Stubbs. Keiner porträtierte sie exakter, lebendiger als er, der Gerberssohn aus Liverpool. Aber sein Realismus ging über bloße Repräsentation weit hinaus. Statt der Antike studierte Stubbs die Anatomie, in einem abgelegenen Gehöft in Lincolnshire. Von den Bauern der Umgebung kaufte er Pferdekadaver, hängte sie an einem Balken auf, sezierte und zeichnete sie, Schicht für Schicht: Haut, Sehnen, Muskeln, Knochen. Dabei variierte er die Gangart seiner toten Modelle; mal Schritt, mal Trab, um jeden Aspekt der Haltung und Bewegung genau zu ergründen. Sechs oder sieben Wochen lang hingen die Kadaver dort, und Stubbs zeichnete, im süßlichen Geruch der Verwesung. Es war eine einsame, viehische Arbeit. Sein einziger Assistent war Mary Spencer, seine Frau. Eineinhalb Jahre lebte Stubbs mit seinen toten Pferden. Dann kannte er sie von innen, buchstäblich, bis auf die Knochen. Das war seine Akademie, das blutige Vorspiel zur Apotheose des Pferdes.

»Mr. Stubbs, Painter of horses«, so etablierte er sich 1758 in London. Sein Kupferstichwerk »Anatomie des Pferdes« machte ihn über England hinaus bekannt. An Auftraggebern fehlte es nicht: von William Wildman, einem Londoner Schlachter und Viehhändler, bis zum Prince of Wales, dem späteren George IV., der sich seinen neuen Zweispänner samt Kutscher und Pferden von Stubbs malen ließ. Seine Jagd- und Pferdebilder gehören zu einem traditionellen, überaus englischen Genre, der *Sporting Art.* Einige ihrer Pioniere aus dem frühen 18. Jahrhundert sind im *National Horseracing Museum* in Newmarket zu sehen. Denn ein Zentrum des Pferdesports wie dieses zog natürlich nicht nur die Buchmacher an, sondern auch die Maler. Hier fanden sie ihre besten Modelle und ihre reichsten Mäzene. Zusammen mit dem Autodidakten James Seymour, einem Turfkenner und Spieler, unterhielt John Wootton ein florierendes Atelier für Pferdebilder in Newmarket. Auch sein Freund Peter Tillemans aus Antwerpen arbeitete eine Zeitlang hier, ebenso John Nost Sartorius aus Nürnberg und John Frederick Herring, der vom Kutscher aufstieg zu einem der populärsten Pferdemaler des 19. Jahrhunderts. Aber erst George Stubbs gibt dem etwas trockenen, konventionellen Motiv der Spezialisten eine neue Dimension.

»Thy pencil, Stubbs, no rival need to fear; / Not mimic art, but life itself is here«, pries Horace Walpole, den Bilder sonst selten zu Versen bewegten. Hier malt einer mit nie zuvor gesehener Genauigkeit und Intensität. Der Anatomie folgt die Autonomie des Pferdes, ein durchaus revolutionärer Rollenwechsel: Das Pferd ist wichtiger als sein Reiter, der Mensch nur noch Randfigur, er darf die Zügel halten, und selbst wenn er oben sitzt, scheint nicht er die Krone der Schöpfung, sondern das Pferd. Natürlich sahen sich die hochgeborenen Auftraggeber mit solchen Bildern nicht entthront, eher aufs nobelste bestätigt. Die edle Kreatur, die Stubbs porträtierte, war schließlich ein Produkt ihrer Züchtung, galoppierende Kapitalanlagen, durch Kunst geadelt, vorgeführt als Inbegriff der kultivierten Countryside, der Harmonie von Mensch, Natur und Gesellschaft: »Ordnung auf vier Beinen« (Robert Hughes).

»Herzöge, Lords, Stallknechte, Spitzbuben, alles brüllt durcheinander und wettet miteinander«, berichtet Fürst Pückler im Oktober 1826 vom *betting post*, vom weißen Wettpfosten in Newmarket. Auf den Gemälden von Stubbs ist der Lärm des Rennplatzes verstummt, das Pferd in seiner Bewegung wie erstarrt. Kein Publikum, keine Anekdoten. Fast surreale Präzision und Stille bestimmen diese Bilder. Die statuarische Wirkung seiner Pferde steigert Stubbs noch durch ein scheinbar nur topographisches Detail, die *rubbing-down houses* von Newmarket Heath. Wie Monumente stehen diese Ziegelhäuser da, realistischer Bestandteil der Rennbahnarbeit, zugleich Chiffren, Tempel des Pferdekults. Von den ursprünglich vier *rubbing-down houses*, wo man die Pferde nach dem Training trockenrieb, ist heute nur noch eines am Rand des July Course erhalten, als Geräteschuppen und Orientierungspunkt am Horizont.

Auch in seinem letzten, grandiosen Newmarket-Bild, *Hambletonian, Rubbing Down,* markieren die Ziegelhäuser Ort und Rhythmus des Gemäldes. Mit über zwei mal dreieinhalb Metern ist es Stubbs' größtes, in seiner Expressivität sein radikalstes Werk. Bildfüllend, in frontaler Seitenansicht, lebensgroß Hambletonian: mit vibrierenden Flanken, die Ohren flach angelegt, Speichel am Maul, hechelnd: ein erschöpfter, kein strahlender Sieger. Ein monumentales, unerhört realistisches Bild. Sein Auftraggeber, der achtundzwanzigjährige Baronet Henry Vane-Tempest, lehnte es ab. Der Künstler, damals fünfundsiebzig, mußte sein Honorar vor Gericht eintreiben. Stubbs hatte nicht den Triumph des Besitzers gemalt, sondern seine Sympathie mit einem geschundenen Pferd, die Realität nach einem Rennen über mehr als vier Meilen, das Hambletonian mit einer halben Nackenlänge gewann, durch Sporen und Peitschenhiebe brutal angetrieben, schockierend selbst für damalige Verhältnisse. Das war am 25. März 1799. Ein Jahrhundertrennen, das dem Besitzer Hambletonians eine Siegesprämie von 3 000 Guineen einbrachte, dem Maler seines Pferdes ein Honorar von 300 Guineen. Ein Landarbeiter verdiente damals etwa fünf Guineen im Jahr. Soviel zur Anatomie der Klassengesellschaft. Sie darzustellen überließ Stubbs seinem Zeitgenossen Hogarth. Daß er selbst unbestechlich und sensibel Menschen zu beobachten vermochte, gerade als Randfiguren von besonderer Eindringlichkeit, zeigen Meisterwerke wie *Hambletonian.*

Als Maler von Pferden, herrschaftlichen Hunden und allerlei exotischen Tieren schätzte man ihn; zu Reichtum und Ehren wie Gainsborough kam er nicht. Gemessen an Porträt- und Historienmalerei galt Stubbs' Tierleben, bei aller Brillanz, als minderes Genre. Im Alter packte ihn wieder die frühe Obsession, Sezieren und Zeichnen. Er starb mit 81 Jahren, 1806, bei der Arbeit an einer »Anatomischen Darstellung, welche den menschlichen Körper mit dem eines Tigers und einer Henne vergleicht«. Zu seinem kargen Nachlaß gehörte eine weiße Perserkatze.

Tod in Witham

Dorothy L. Sayers

Was hatte ich eigentlich in Witham verloren? Verhunzte Ladenfassaden, eine lange Hauptstraße, durch die ununterbrochen Autos rollen. Eine laute, kaputte Kleinstadt. Mit den Römern fing das Unheil an. Sie bauten die Straße von Colchester nach London, die heutige A12. Als man von London nach Harwich mit der Kutsche zwei Tage brauchte, bot sich auf halber Strecke Witham zum Pferdewechseln an. Dabei blieb es, ein Durchgangsstraßendorf an der *Great Essex Road*, ruiniert vom Verkehr und von rücksichtslosen Planern. Daß die A12 inzwischen den Ort umgeht, hilft nun auch nichts mehr. Es riecht nach Diesel und Tran von der Fischdüngerfabrik. »Britain's smelliest town« (*Times*), Englands verstunkenste Stadt. Ausgerechnet nach Witham zog 1926 Dorothy L. Sayers, die Klassikerin des Kriminalromans. Allerdings hat sie das nicht überlebt.

Zwei Eiben flankieren ihr Haus an der Hauptstraße, No. 26 Newland Street, ein einstöckiges Reihenhaus mit grauer georgianischer Backsteinfassade. Ein Schauspieler in der Rolle Lord Peter Wimseys, ihres Gentleman-Detektivs, enthüllte vor etlichen Jahren die Gedenktafel für Dorothy L. Sayers, »novelist, theologian and Dante scholar«. Theologin? Dante-Forscherin? »I am a scholar gone wrong«, pflegte sie selbst zu sagen, eine Wissenschaftlerin auf dem falschen Dampfer. Krimis schrieb sie ja nur, weil sie Geld brauchte, und als sie genug zum Leben hatte, hörte sie damit auf und widmete sich ihrer eigentlichen Arbeit, der ›höheren‹ Literatur und der Religion. Sie war das einzige Kind eines Pfarrers und Schuldirektors aus Oxford, eine der ersten Frauen, die dort 1915 Examen machten (am selben College, Somerville, wie später Margaret Thatcher). Ihren *Master of Arts* bekam sie erst nachträglich, weil die Universität zunächst keine Titel an Frauen verlieh. Oxford blieb ihre »geistige Heimat, meine heilige Stadt«. Und dann Witham.

Kurz nach ihrer Heirat 1926 zog sie mit Oswald Atherton Fleming, genannt Mac, einem Kriegsinvaliden und ehemaligen Journalisten, in das graue Haus in der Newland Street. Damals hatte Witham knapp 6 000 Einwohner (heute 26 000). Frauen fuhren zu ihrer Zeit mit der Eisenbahn oder im Auto, sie waren zu Fuß oder zu Pferde. Dorothy, groß und dünn, fuhr Motorrad – von Witham nach London, wo sie bis 1931 als Werbetexterin arbeitete, bevor sie von ihren Büchern leben konnte. Für die Werbeagentur *Bensons* entwarf sie ihren bekanntesten Text, den Slogan »Guinness ist good for you«. Im Original war es ein Vierzeiler über den Pfeffer fressenden Tukan: »If he can say as you can / Guinness is good for you / How grand to be a Toucan / Just think what Toucan do.«

Ihr erster Kriminalroman erschien 1923, *Whose Body?* (*Der Tote in der Badewanne*), der erste von dreizehn Lord-Peter-Romanen. »Liebesgeschichten mit detektivischen Unterbrechungen«, nannte sie diese Krimis, für deren literarische Qualität Dorothy L. Sayers 1950 den Ehrendoktor der Universität Durham erhielt. Wie ihr Kunst und Cricket liebender Amateurdetektiv Lord Peter Wimsey (für englische Ohren klingt im Namen Wimsey die Doppelbedeutung von *whims(e)y* = Laune, Schrulle und literarische Kleinigkeit, Plauderessay), dessen Socken stets zur Krawatte passen, beschäftigte sich auch die anglikanische Pfarrerstochter mit ihren Mordfällen nur aus Lust am Denken und aus moralischen Motiven. Aufklärung der Verbrechen, Schuld und Sühne sind ihr wichtiger als *action.* Die ganze Spannung dieser Gesellschaftsromane kommt aus der Psychologie der Charaktere, aus sozialen Beziehungen, aus der unendlich verwickelten, exakt beobachteten Alltagswelt. Dorothy L. Sayers war die Virginia Woolf des Kriminalromans.

Zwei ihrer Romane spielen in East Anglia: *The Nine Tailors* (*Der Glocken Schlag*), der rätselhafte Tod eines Mannes im Glockenturm einer Dorfkirche im Fen, und *Busman's Honeymoon* (1938). »You have no idea«, wandte sie sich einmal an ihre Leser, »what a strain it is to be perpetually picking out new ways of killing people.« Um raffinierte Todesarten war sie nie verlegen. Doch eines Tages, sehr zum Kummer ihrer Fans, trennte sie sich von Lord Peter und der Kunst der exzentrischen Verbrechensbekämpfung. Nach 1937, in den letzten zwanzig Jahren ihres Lebens, schrieb sie keine Detektivgeschichten mehr. *The Mistress of Murder* verfaßte nun religiöse Stücke für die BBC, eine Hörspielfolge über das Leben Jesu, sie übersetzte frühfranzösische Epik und Dantes *Göttliche Komödie.* »Der Zweite Weltkrieg und Kriminalromane passen nicht zueinander«, sagte sie. Aber wie gehen *low crime* und *high church* zusammen? Für Dorothy L. Sayers kein Widerspruch. Auch Essays schrieb sie nun, über den Niedergang des Detektivromans, über richtiges Englisch und – »Are Women Human?« – über männliche Arroganz: »Ich werde gelegentlich von geborenen Schwachköpfen und Magazinherausgebern gebeten, etwas über das Schreiben von Detektivgeschichten ›vom Standpunkt der Frau‹ zu sagen. Ebensogut kann man fragen: Was ist die weibliche Ansicht über ein gleichschenkliges Dreieck?« Mit sardonischem Witz ertrug sie die Männer, ihren eigenen Mann, das Leben an sich und besonders in Witham.

In No. 26 Newland Street lebte DLS so unauffällig, daß selbst Lord Peter Mühe hätte, mehr darüber herauszufinden als ihre ratlosen Biographen. Im Krieg hielt sie sich ein paar Schweine hinterm Haus, eines hieß Francis Bacon. Mit Mac, ihrem Mann, Autor eines Kochbuchs und Alkoholiker, ging sie gelegentlich schräg gegenüber in den »Red Lion«, eine der alten Kutscherkneipen. Auf die Frage, wie er nach Hause komme, pflegte Mr. Sayers zu sagen: *by rail*, immer am Geländer der Häuser entlang. Als sie noch Krimis schrieb, informierte sie sich in der benachbarten Apotheke »Stoffer & Hunter« diskret über Gifte und ihre vielfältigen Möglichkeiten. Ihr Arbeitszimmer lag in der ersten Etage, mit dem Blick zur Straße. Sie schrieb oft bis tief in die Nacht, meist in Gesellschaft von Timothy, einer ihrer Katzen. Für Spaziergänge am River Brain hatte sie nichts übrig. Dorothy L. Sayers starb 1957 in ihrem Haus in Witham. Ihre letzte Ruhe freilich suchte sie woanders, in St. Anne in Soho.

»Hier, wo sie lebte, interessiert sich niemand für sie«, sagt Eileen Bushell. »Mein Vorschlag, ihr ein Denkmal in Witham zu errichten, fand keine Unterstützung.« Mrs.

Bushell, die ein Gründungsmitglied der *Dorothy L. Sayers Historical and Literary Society* ist, setzte sich schließlich durch – heute ist DLS gegenüber der Stadtbücherei in Bronze anzusehen, samt ihrem Kater Timothy. Die *Sayers Society* sorgt nicht nur für gelehrte Abhandlungen, sondern gelegentlich auch für die Veröffentlichung eines Leserbriefs von Lord Peter Wimsey in der *Times*. So erfuhren wir am 8. Oktober 1985 von Lord Peters Goldener Hochzeit. Dorothys Held und literarischer Ersatz-Mann hatte ja, wie wir wissen, in ihrem vorletzten Roman, *Gaudy Night* (1937), endlich die Liebe der Krimi-Autorin Harriet Vane gewonnen.

Mord im Glockenstuhl

Die Kunst des Wechselläutens

Die neun Glockenschläge, die der Gemeinde früher von englischen Kirchtürmen den Tod eines Mannes verkündeten, nannte man *nine Tailors* und die Sterbeglocke *Tailor Paul.* Weshalb sich unter dem Titel *The Nine Tailors* keine Schneidergeschichte verbirgt, sondern ein raffinierter Glockenmord, aufgedeckt von Lord Peter Wimsey. An einem Silvesternachmittag, wir erinnern uns, schickte Dorothy L. Sayers ihren Gentleman-Detektiv im Schneetreiben in ein gottverlassenes Dorf im ostenglischen Fen: »Über die flachen weißen Wüsten des Moorlandes, die schnurgeraden stahlschwarzen Gräben und Deiche, die windgebeugten ächzenden Pappeln hinweg wehte die Musik der Glocken aus den schneegedämpften Schallöchern der Glockenstube, wirbelte in lärmenden Böen südwärts und westwärts über das schlafende Land dahin (...) und auf und ab und auf und ab in ihren Läufen schwangen die Glocken von Fenchurch St. Paul.«

In diesem fiktiven Ort im Fen kommt ein Mann durch den Schlag der neun Glocken zu Tode, denen er in der Neujahrsnacht, eingesperrt im Glockenstuhl der Kirche, neun Stunden lang ausgesetzt ist, während die Glöcknermannschaft des Dorfes, unter ihnen der Totengräber mit dem sprechenden Namen Harry Gotobed, einen neuen

Rekord beim *change-ringing* aufstellen will: einen Zyklus *Kent Treble Bob Major* mit 15 840 Wechseln, ohne Pausen und Fehler durchgeläutet. Daß die schöne Kunst des Wechselläutens zu einem Mord mißbraucht wird, liegt weniger in der Natur der Sache als des Menschen und, natürlich, im kriminalistischen Kalkül von Dorothy L. Sayers. Sie hat ihren Roman und die Psychologie des Falles kunstvoll aufgebaut nach den Sätzen und Zyklen des Wechselläutens, »eine englische Besonderheit und, wie alle englischen Besonderheiten, der übrigen Welt unbegreiflich«. Was Englands Campanologen da treiben, wenn sie »die aufeinanderfolgenden Fünfer des Tittums-Systems oder die kaskadierenden Dreier des Queen's-Wechsels« inszenieren und genießen, solche Rituale, gibt die Lady aus Oxbridge uns zu verstehen, werde »der gewöhnliche Sterbliche«, noch dazu einer vom Kontinent, so wenig verstehen wie die Geheimnisse des Crickets.

Unterwegs in Suffolk und Norfolk, wo es mehr Kirchtürme gibt als in allen anderen englischen Grafschaften, habe ich gelegentlich zu ungewöhnlichen Uhrzeiten dieses sonderbare, gänzlich unmelodische Läuten gehört: Glockenschläge in monotonen, endlosen Reihen, die sich hartnäckig jeder Melodie verweigern, um irgendwann abrupt zu enden. Eines Tages, als die Glocken von Blythburgh wieder einmal besonders störrisch schlugen, betrat ich die Glockenkammer unter dem Turm. Da standen mit angespannten Körpern und entrückten Gesichtern sechs Männer und Frauen im Kreis, jeder mit *rope* und *sally*, einem Glockenseil mit farbig gestreiftem, samtweichem Griff, an dem die *bell-ringers* mit beiden Händen zogen, das Seil über ihren Kopf schnellen ließen, ohne es loszulassen, immer auf und ab, in einer ganz bestimmten Reihenfolge, die nur Unkundigen rätselhaft erscheint, im Rhythmus der unsichtbaren Glocken, die über uns hoch oben im Turm hin und her schwangen, hin und her und auf und ab. Man hätte in der kleinen *ringing-chamber*, wäre es nicht etwas laut gewesen, das Fallen einer Stecknadel hören können, so konzentriert waren die sechs Glöckner am Werk. Der jüngste, Jamie, war elf, der älteste, John, ein pensionierter Öl-Manager. Auch zwei Frauen waren dabei und Stephen, ein junger Mathematiklehrer, der *tower captain* der Mannschaft: »I'm utterly unmusical!« Offenbar eine gute Voraussetzung für das Wechselläuten.

Beim *change-ringing* geht es um Musik der anderen Art: um mathematische Klangstrukturen und Permutationen, nicht um Melodien und kontinentales, sentimentales Glockenspiel. Die englische Kunst des Wechselläutens entspricht dem kühlen, kantigen Geist der Perpendicular-Baumeister und ihrer klaren Kirchen, mehr dem Vergnügen an der Konstruktion der Klänge als an ihren Harmonien. Beim *bell-ringing* geht es darum, erklärt mir Stephen, eine Anzahl von Glocken in einer bestimmten Kombination zu läuten, ohne daß sich eine einzige Folge wiederholt. Drei Glocken kann man in sechs verschiedenen Abfolgen läuten: 123 – 132 – 231 – 213 – 312 – 321. Bei vier Glocken gibt es bereits 120 verschiedene Möglichkeiten des Wechsels, bei fünf gibt es 720 Variationen. »Dann geht es eigentlich erst los«, lacht der *ringing master* von Blythburgh.

Bei einem *peal of eight*, einem Geläut von acht Glocken, sind 40 320 Durchgänge möglich: ein sogenannter *Major*, fehlerlos und ohne Pause durchgeläutet von einer Mannschaft in Loughborough in 17 Stunden 58 Minuten und 30 Sekunden. Ein *Royal* mit zehn Glocken hat 3 628 800 mögliche Variationen und würde 105 Tage dauern, *by God*, eine königliche Verrücktheit. Eine Lebensaufgabe aber wäre es, wollte man die zwölf Glocken von St. Peter Mancroft in Norwich auch nur einmal nach den Regeln des *change-ringing* durchspielen: ein *Maximus* mit – Achtung, Kopfrechner – mehr als 479 Millionen Variationen (genau 479 001 600). Zwölf Glöckner bräuchten dafür etwa 38 Jahre. Da sage noch jemand, ein mehrtägiges Cricket-Turnier gegen Australien sei lang oder gar langweilig. Sagen wir lieber: *Bell-ringing* ist die Fortsetzung von Cricket mit anderen Mitteln, ein Marathonlauf im Stehen, die Krönung englischer Sport-Exzentrik. Wechselläuten ist der ideale Mannschaftssport für Individualisten: Jeder zieht an seinem Seil, und so Gott will, erreicht die Seilschaft am Ende ihres langen Wegs gemeinsam den Gipfel kühler Klang-Ekstasen. So gesehen, war es wohl eher ein Kompliment, daß Händel meinte, die Glocke sei das englische Nationalinstrument.

Stephen zeigt mir die *Diagrams*, ein Buch voll von ausgeklügelten Zahlensystemen und Klangfiguren, nach denen seine Glöckner die einzelnen *methods* lernen. Diese Partituren haben so klingende Namen wie *Plain Hunt on Six*, *Cambridge Surprise*, *Grandsire Doubles*, *Bob Major* oder *Tittum Bob Royal*. Der *Stedman Fivers* ist nach dem Vater der englischen Campanologen benannt, Fabian Stedman aus Cambridge. In seiner *Tintinnalogia* von 1668 entwickelte Stedman die Kunst des Wechselläutens, wie sie noch heute praktiziert wird. Als mir die Glöckner von Blythburgh ihr Hand- und Kopfwerk erklärten, kam ein Fremder dazu.

»Are you ringer?« fragte Stephen. »Yes, from Yorkshire«, sagte der Mann. Er machte Urlaub in Suffolk, und schon war er aufgenommen in die *band of ringers*. Glöckner sind unter Glöcknern immer willkommen, und manche ziehen durchs Land, nur um überall einmal zu läuten: so berühmte *peals of bells* wie die zwölf Glocken von Saffron Walden, die zehn von Beccles oder eine der acht Glocken von Lavenham, die schönste von allen, die Tenor-Glocke von 1625, »the sweetest bell in England«. Auch Stephen gehört zu denen, die im Urlaub Glockentürme sammeln: In mehr als 1300 Kirchen hat er schon *rope & sally* gezogen. Es gibt noch rund 5500 Kirchen auf den Britischen Inseln, die ein Geläut von fünf bis zwölf Glocken haben, genug für einen ehrgeizigen *bell-ringer*. Doch ein Drittel aller englischen Kirchtürme bleibt sonntags stumm. Und das nicht etwa darum, weil die Pfarrer ihre Glocken versilbert hätten wie in jenem Spottvers: »Foolish people / Sold their bells to build a steeple.« Nein, das Problem ist der Nachwuchs. Nur noch 48000 Glöckner praktizieren in England die Kunst des Wechselläutens.

Vor dem Krieg war auch das ganz anders. »Bell-mad, we were«, verrückt nach Glocken, schwärmt ein *bell-ringer* in Ronald Blythes *Akenfield*, und sein Kollege Robert Palgrave erzählt: »All the ringers were great walkers and you would meet them in bands strolling across Suffolk from tower to tower.« Der alte Glöckner von *Akenfield* weiß, wie Material und Größe der Kirchtürme den Klang der Glocken beeinflussen: »The old bricks soak up the sound and sweeten it. The taller the tower, the quieter the bells in the village itself. The shorter, the louder.« Er weiß noch, wie man früher im Dorf die alten Glocken liebte, »because they have spoken for the village so long and are its angel voices«. Er weiß auch, daß viele der besten Glöckner stocktaub sind, »and the bells to them are just a noise. It is all figures to them«, sie haben alle Kombinationen im Kopf. »Wenn du die Glöckner-Tafeln in den Türmen von Suffolk liest«, sagt Robert Palgrave, »you will be reading the names of many happy men.«

In vielen Glockenstuben East Anglias habe ich solche *peal boards* gesehen, Holztafeln mit den Namen und Rekorden der *bell-ringers.* Eine der Ikonen der Campanologie hängt in der Turmempore von St. Peter Mancroft. Dort haben die *Norwich Scholars,* wie sich die Glöckner stolz nannten, am 2. Mai 1715 einen *Gransir Bob Triples* geläutet, 5040 Variationen in drei Stunden und 18 Minuten, »and not one Bell misplaced or out of Course«, wie die Rekordtafel festhält. Das gilt, unter Glockenbrüdern, als erstes dokumentiertes, echtes Wechselläuten der Welt. Ein Jahr nach jener Pioniertat, 1716, gründeten die *Norwich Scholars* einen Verein, die sogenannte *Purse.* Daß in diesem Klub nicht nur geläutet, sondern auch kräftig gebechert wurde, dürfen wir dem *Ringers' Jug* entnehmen, einem irdenen Maßkrug für 17 Liter Ale. Allein, was ist das für zwölf durstige Glöckner.

In seiner *Campanologia* rühmt William Shipway 1816 die Glocken von St. Peter Mancroft, der Stadtkirche von Norwich, als »the best peal of twelve in the Kingdom«. Jahrhunderte hindurch haben sie die großen Ereignisse der Stadt und der Nation eingeläutet, vom Armada-Jahr 1588 bis zum Regierungsjubiläum der Queen. *God save the bells,* die spröde Kunst des Wechselläutens, die alle Wechselfälle der Geschichte mit so stoischer Exzentrik überdauert. Wir aber könnten nun noch nach Steeple Bumpstead fahren. Ein Dorf in Essex, wie von Dickens erfunden: Steeple Bumpstead, wie das klingt, Steeple Bumpstead, fast so schön wie die acht Glocken von St. John. »Music is Medicine for the mind«, steht auf einer dieser Glocken geschrieben, auf einer anderen: »Percute dolce canto«: schlage sanft, so singe ich. *Killing me softly*: Solche Dörfer können auch tödlich sein.

Cotman & Co.

Die stillen Revolutionäre der Heimatkunst

Nicht nur Gainsborough und Constable, die Dioskuren aus Suffolk, und nicht erst die BritArt-Stars unserer Tage strafen das gängige Vorurteil Lügen, die Briten seien eine visuell unbegabtere Nation. In den Jahren kurz vor 1800 bis etwa 1840 gab es in England eine Blüte der Landschaftsmalerei ohne Parallele auf dem Kontinent. Ihre strahlendsten Bilder entstanden tief in der ostenglischen Provinz. Lange blieben sie fast gänzlich im Schatten William Turners. Selbst ihr brillantester Maler hat außerhalb der Britischen Inseln nie eine Einzelausstellung gehabt: John Sell Cotman aus Norwich. In seinem Geburtsort kann man ihn und die hierzulande nahezu unbekannte Schule von Norwich umfassender kennenlernen als irgendwo sonst.

Die normannische Burg mitten in der Stadt ist heute ein vielseitiges, überaus anregendes Museum. Gäbe es eine englischere Einführung in die Geschichte des englischen Porzellans als die 3000 Teekannen der Twining Teapot Gallery? Kaum weniger exzentrisch Mrs. Langtons gesammelte Katzen: rund 100 Katzenfiguren aus Porzellan, Jade, Elfenbein, Bronze, Holz, Glas, Katzen aus Ägypten, China, Japan, Meißen, Derby, Staffordshire. Oder die sublimen Leidenschaften der Lepidopterologin Margaret

Elizabeth Fountaine, einer Norfolker Pfarrerstochter, die auf ihren Weltreisen 22 000 Schmetterlinge fing und dem Castle Museum stiftete, samt ihren Tagebüchern (»Ich sammle nicht nur Schmetterlinge. Reisen und Abenteuer einer viktorianischen Lady«). Oder die Liebhaberei von Mrs. Bulwers viktorianischem Bruder: er sammelte Senftöpfchen aus ganz Europa und hinterließ sie seiner Heimatstadt. Vom Senf kommen wir zwanglos zur Malerei: Norwichs kunstliebendem Senfhersteller Jeremiah Colman und seinem Sohn verdankt unsere kleine Stadt die größte Cotman-Sammlung der Welt. Allerdings verfügten die Stifter: Ihre Bilder dürfen die Burg nicht verlassen – Cotman-Freunde sollen nach Norwich kommen. Geschickte Stadt- und Senfwerbung? Engstirniger Heimatstolz, der internationalen Ruhm verhindert? Weitsichtiger Schutz vor den Folgen hemmungslosen Kunstverleihs? Andrew W. Moore, Kurator des Museums, macht ein Gesicht, als hätte er zuviel Senf geschluckt. Das mag indes auch daher rühren, daß von den 48 Ölbildern und 882 Aquarellen und Zeichnungen Cotmans in Norwich tatsächlich nur etwas mehr als die Hälfte unzweifelhaft echte Cotmans sind. »Er hatte viele Schüler«, sagt Mr. Moore, »gute Schüler – gute Kopien.« Was bleibt, ist überwältigend genug.

Er war kein Maler monumentaler Formate oder dramatischer Motive, kein Porträtist der Gesellschaft wie Gainsborough, kein Repräsentant der Landschaft wie Constable, kein Visionär der Farbe wie William Turner. Cotman hat vorwiegend Aquarelle gemalt, kleine Formate, bescheidene Motive. Aber in seinen besten Bildern ist er brillanter, moderner als jeder seiner Zeitgenossen. Cotmans Leben verlief ohne sichtbare Höhepunkte, so durchschnittlich, daß einer seiner Biographen es »unbefriedigend« findet: kein strahlender Erfolg, kein tragisches Scheitern. Als er 1842 in London starb, erschien kein einziger Nachruf, nicht einmal in seiner Geburtsstadt Norwich.

Cotman war, wie William Turner, Sohn eines Frisörs. Im Alter von 16 Jahren, 1798, ging er nach London, kolorierte Stiche für einen Kunsthändler, kopierte Bilder im Haus eines Sammlers; das war seine ganze Ausbildung. Früh reiste er nach Wales, Inbegriff der pittoresken Landschaft. Dort und in Yorkshire entstanden einige seiner schönsten Aquarelle. Aber die Old Water Colour Society in London lehnte Cotman als Mitglied ab. Enttäuscht kehrte er 1806 zurück nach Norwich und wurde Zeichenlehrer in der Provinz – »genau das, was ich am meisten fürchtete«. Indes hatte er einen Mäzen: Dawson Turner, Quäker, Bankier, Botaniker (Spezialgebiet: Seetang) und Altertumsforscher in Yarmouth. Dort ließ sich Cotman 1812 nieder, gab der Frau seines Gönners und ihren sechs Töchtern Zeichenunterricht und begann seine »Herkulesarbeit«: topographische Radierungen, in der Hoffnung auf ein größeres Publikum. Cotman, ein virtuoser Architekturzeichner, schuf in zehn Jahren rund 400 Radierungen von Burgen, Kirchen und Städten in Norfolk und in der Normandie, die er dreimal bereiste. In dieser Zeit gab er die Ölmalerei fast völlig auf. Aber auch seine Hoffnung, ein englischer Piranesi zu werden, schlug fehl.

1823 zog Cotman zurück nach Norwich, in ein Backsteinhaus bei der Kathedrale, St. Martin's-at-Palace-Plain No. 7. Dort lebte er mit seiner Frau, fünf Kindern und seinen Hunden Tizian und Rubens in wachsender Armut und Depression. »The sun has set for ever on my career and all is darkness before me«, schrieb er am 3. August 1826 an Dawson Turner. »My pupils diminish to such a degree that it is impossible for me to live in any, save a *Workhouse* or a *Prison.*« Sein ganzes Streben war London, raus aus der Provinz: »London, with all its fog and smoke, is the only air for an artist to breathe in.« Vergebens bewarb er sich um die Stelle eines Zeichenlehrers an der School of Military Engineering in Chatham. »Meine Lebenserwartungen sind so vollständig zunichte gemacht, daß ich unter der wiederholten und anhaltenden Erschöpfung von Körper und Geist zusammenbreche.«

Noch einmal gab es einen Aufschub. 1834 berief man ihn endlich als Zeichenlehrer ans King's College nach London. Einer seiner Schüler war bald bekannter als er selbst: Dante Gabriel Rossetti. Der beschrieb Cotman als »an alert, forceful-looking man, of modest stature, with a fine well-moulded face, which testified to an impulsive nature, somewhat worn and worried«. Für Cotman kam die Anerkennung zu spät: »Mein Alter hat mich vielleicht vor der Zeit eingeholt, ohne daß ich erreicht hätte, was ich zu tun hoffte – aber das ist nur das Los von Millionen.« Im kalten, stürmischen Herbst 1841 genoß er noch einmal »the wilderness of Norfolk«, zeichnete den Devil's Tower, Aylsham Church, die Bäume von Blickling Park. Wenige Monate später war er tot.

Ein Leben in dunklen Aquatintatönen. Aber auf dem schwarzen Grund leuchten die Farben. Cotmans Motive sind begrenzt, so bescheiden wie seine Formate: ein Holzzaun, eine Bauernhütte, eine Flußlandschaft mit Kühen,

Boote am Strand, eine Klosterruine und immer wieder Bäume, Bäume am Greta River und am River Yare: »Oh! rare and beautiful Norfolk.« Er mache, sagte Cotman gelegentlich, »close copies of that fickle Dame«. Aber er kopierte ja nicht einfach »jene launische Dame«, die Natur. Er malte weit weniger, als er sah, und zugleich viel mehr: jenseits der flüchtigen Erscheinungen ihre Struktur und jenseits bloßer Strukturen die wechselnde, unverwechselbare Atmosphäre.

»Leave out, but add nothing«, riet Cotman seinem Sohn Miles, der ihm assistierte. Alles Zufällige weglassen und nichts hinzufügen: Mit wenigen Bleistiftstrichen skizzierte er die Umrisse, dann trug er breitflächig, in dünnen Schichten die Aquarellfarben auf, jene unendlich subtile Skala von Grün, Braun, Grau und Blau. Cotmans Stil ist einfach, klar, von luzider Leichtigkeit. Seine monochromen Aquarelle, meisterhaft abgestuft in grauer oder brauner Tusche, entwickeln Methoden Thomas Girtins weiter, den er schon früh im Londoner Künstlerbund »The Brothers« kennengelernt hatte. Untrüglich Cotmans Gespür für die Nuancen des Lichts, für Räume und Zwischenräume, für die Balance von Form und Farbe. Ein vollendetes Beispiel dieser Aquarellkunst an der Grenze zur Abstraktion ist »Kett's Castle« (um 1809/10) im Burgmuseum von Norwich: Strukturen einer Abendstimmung auf Mousehold Heath. Bei aller Detailgenauigkeit sind die Orte, die er darstellt, immer auch Topographien eines Gefühls, gänzlich reale und doch halb traumhafte Szenen. Cotman malt Bilder, in denen das Auge spazieren und die Seele ausruhen kann. Turner liebte dynamische Bewegung, elementare Kontraste. Cotman suchte den Ausgleich der Gegensätze, die große Harmonie.

Seine Silhouetten-Technik, dunkle gegen helle und helle gegen dunkle Formen zu stellen, schafft Farbfelder, die erst der Symbolismus wieder aufgreift. Mit seinem flächigen, geometrisierenden Stil weist er weit voraus auf Cézanne und die Kubisten. Das ist Cotmans Modernität. Zugleich ist dies auch der Grund für seine fehlende Popularität bei seinen Zeitgenossen. Ihnen waren Cotmans Kompositionen nicht naturalistisch genug, zu karg, zu abstrakt, seine Farben zu kühl und zu matt. Darum fanden Meisterwerke wie das *Drop Gate* oder *Mousehold Heath*, beide heute im Besitz des Britischen Museums, zu seinen Lebzeiten keinen Käufer. Wundert es da, daß Cotman an seiner Arbeit zweifelte? »My poor Red, Blues & Yellows ... nonsense & stuff.« Er mischte seine Wasserfarben mit Tinte und farbiger Kreide, seine Pigmente mit Mehl oder Leim, um einen pastosen, expressiven Ausdruck zu erzielen, über die Lokalfarbe hinaus. Vergebens versuchte er in seinem Spätwerk, durch grelle Farbeffekte Turners Wirkungen zu erreichen, populär zu werden durch historische Figurenstücke oder spektakuläre Motive. Am stärksten bleiben Cotmans Bilder aus den Jahren 1805 bis 1812: Höhepunkte der europäischen, nicht nur der britischen Aquarellmalerei.

So singulär Cotman ist, das einsame Genie in der Provinz war er nicht. Er gehörte zu einer Gruppe einheimischer Künstler und Amateure, die sich 1803 zur Norwich Society of Artists zusammenschlossen. Solche Vereinigungen gab es auch an anderen Orten, aber nur in Norwich entwickelte sich daraus eine regionale Malerschule von nationaler Bedeutung. Eine einleuchtende Erklärung dafür gibt es kaum. Gewiß, Norwich hatte Ende des

18. Jahrhunderts viele Klubs und Societies, ein politisch und kulturell anregendes, offenes Klima, einige wichtige Mäzene und ein Publikum, dessen allgemeine Aufgeschlossenheit für die schönen Künste vielen Malern ein Auskommen ermöglichte. Aber all das hatten auch andere Städte in der Provinz, etwa Bath, Bristol oder Liverpool. Wie also kam es, daß Norwich als erste Stadt außerhalb Londons regelmäßig Kunstausstellungen veranstaltete? Wie kam es ausgerechnet hier zu diesem Triumph des Regionalismus?

»I arrived here a week ago and find it a place where the arts are very much cultivated«, schrieb der Miniaturenmaler Andrew Robertson 1812 in einem Brief aus Norwich: »The studies of landscape about the town are infinitely beautiful and inexhaustible. The buildings, cottages, etc. are charming, and have invited people to the general practise of drawing, or rather painting in watercolours from nature ...« Die Schule von Norwich hat zwei Väter: Cotman und Crome, die beiden überragenden Maler der Stadt. Ohne ihren Einfluß hätte sich kaum eine solche Fülle von Talenten so überaus fruchtbar entfalten können, Künstler wie Amateure.

Rund drei Jahrzehnte lang trafen sie sich zu Diskussionen, Ausstellungen und Ausflügen mit Skizzenblock und Pinsel. Die unmittelbare Umgebung ihrer Heimatstadt inspirierte sie. Wie Constable (der sie ignorierte) fühlten sie sich der holländischen Landschaftsmalerei des 17. Jahrhunderts verbunden, nicht der eher sentimentalen viktorianischen Kunst. Die Weite der ostenglischen Küste, die Norfolk Broads mit ihren Flüssen, Kanälen und Windmühlen, der niederländische Charakter der Landschaft scheint in der Tat ihren »niederländischen Genius für Landschaftsmalerei« (Pevsner) zu erklären. Holländische Schiffe tauchen immer wieder auf den Bildern der Norwich School auf, nicht nur auf Cotmans Gemälde *Dutch Boats off Yarmouth* im Castle Museum. Die traditionellen Handelsbeziehungen zwischen East Anglia und den Niederlanden brachten auch Werke holländischer Künstler in einheimische Sammlungen. Cotman studierte sie bei seinem Mäzen Dawson Turner in Yarmouth, John Crome kopierte sie bei seinem (und Gainsboroughs) Patron Thomas Harvey in Catton Hall. Der Webermeister Harvey, mit der Tochter eines Rotterdamer Kaufmanns verheiratet, umgab sich auf seinem Landsitz bei Norwich vor allem mit Holländern des 17. Jahrhunderts: Hobbema, Ruisdael, Teniers, Rembrandt – eine Offenbarung für John Crome, den jungen Maler in der Provinz.

Crome lernte sein Handwerk bei einem Kutschen- und Schildermaler in Norwich. Die Pub Signs, die er für »The Lame Dog« und andere Kneipen seiner Heimatstadt malte, sind leider nicht erhalten. Sein Vater war ein Webergeselle und Gastwirt von zweifelhaftem Ruf, er selber galt als notorischer Trinker, gesellig, geschäftstüchtig, das gerade Gegenteil von Cotman, der unter seiner Konkurrenz litt. Als einen »kleinen dicken Mann mit dunklem Teint und lebhaften Augen« beschrieb ihn George Borrow, der bei Crome zeichnen lernte. »Er malte nicht Bilder aus aller Welt, sondern englische Bilder... Wunderschöne ländliche Szenerien mit Bäumen, die kleine Vögel wohl verlocken könnten, sich darauf niederzulassen.« Etwa auf der *Poringland Oak* (1818, Tate Britain), deren bizarr verzweigte Äste durchflutet sind vom klaren Licht

East Anglias. Als Zeichenlehrer, für einen Provinzkünstler der lukrativste Job, hatte John Crome so viel Erfolg in Norwich und bei den *landed families* der Umgebung, daß sechs seiner elf Kinder ebenfalls Maler wurden.

Crome war einer der ersten, der seine Schüler im Freien nach der Natur arbeiten ließ. Beim Unterricht am Ufer der Yare rief der Autodidakt ihnen gelegentlich zu: »This is our Academy!« Gainsboroughs Technik, die Ölfarbe dünn wie Wasserfarbe aufzutragen, machte Crome sich ebenso zunutze wie den Naturalismus der holländischen Landschaftsmalerei. Ihren Einfluß zeigen Bilder wie *Moonrise at the Yare* in der Tate Gallery oder *Yarmouth Jetty* im Museum von Norwich: eine Sinfonie in Grau, Braun und Beige, in der Mitte ein einziger, leuchtend roter Punkt, die Weste eines Fischers. Auch Crome war ein Meister der Monochromie: die Kirche von Whitlingham in den grauen Wasserfarbenhügeln, der silbergrau perlende Weidenzweig über den Wellen der Yare, auf eine kleine Mahagonitafel gemalt – unscheinbare Motive, glückliche Augenblicke. In seinen schönsten Bildern erreichte Crome eine fast Corotsche Leichtigkeit. Seine Radierungen wirken wie weiche Bleistiftzeichnungen, skizzenhaft, von schimmernder Tonalität. Nur 34 dieser *softground etchings* sind erhalten. Auch Cotman benutzte diese Technik der Weichgrundätzung, die Whistler virtuos vollendete.

John Crome blieb zeitlebens ein Künstler der Provinz. Sein Ruhm begann erst lange nach seinem Tod, als sieben seiner Bilder auf der Londoner Weltausstellung von 1862 gezeigt wurden. Monet, Pissarro, auch Van Gogh bewunderten ihn. Er bewunderte am Ende nur einen, ihm galt sein angeblich letztes Wort: »Oh Hobbema, my dear Hobbema, how I have loved you!« Borrow überliefert ein anderes Wort vom Sterbebett, Cromes Rat an seinen Ältesten: »John, mein Junge, male, aber denke dabei an den Ruhm, und sollte dein Motiv nur ein Schweinestall sein: verleihe ihm Würde!« In der Kirche von St. George in Norwich, wo er getauft wurde, ist Crome auch begraben. Im Castle Museum hat er einen eigenen Saal mit rund 20 Bildern. Nach seinem Tod 1821 übernahm sein ältester Sohn John Berney Crome die väterliche Zeichenschule.

Auch die Cotman-Nachfolge begann im engsten Familienkreis: Miles Edmund, Cotmans ältester Sohn, stellte schon mit dreizehn bei der Norwich Society aus, in Stil und Sujets dem Vater zeitweise zum Verwechseln ähnlich. Er und sein Bruder John Joseph Cotman, der originellere von beiden, führten den Zeichenunterricht ihres Vaters fort. Nicht nur die Malersöhne von *Cotty* und *Old Crome* sorgten für die Kontinuität der Schule von Norwich und für Verwirrung bei den Experten. Auch die Stannards waren eine Künstlerdynastie, drei Generationen lang in Norwich tätig. Joseph Stannard, der bedeutendste von ihnen, malte nach einer Hollandreise sein Meisterwerk: *Thorpe Water Frolic* (1824-25), ein Volksfest auf der Yare vor den Toren der Stadt, ein Nachmittag voll Leben, Licht, Atmosphäre.

Nun hatten die Stannards, Cotmans und Cromes nicht nur malende Frauen, Töchter und Söhne; auch verschwägert und verschwistert waren einige Mitglieder der Norwich School, ähnlich den Präraffaeliten oder den Worpsweder Malerfreunden. Robert Ladbrooke heiratete die Schwester von Cromes Frau, John Thirtle Mrs. Cotmans Schwester. Thirtle, Sohn eines Schuhmachers, lebte als

Miniaturist, Vergolder und Zeichenlehrer in Norwich. Auf seinen Aquarellen im Burgmuseum spiegeln sich immer wieder Bäume, Boote, Häuser und Wolken im Wasser von Yare und Wensum, sublime Reflexe seiner Kunst und Heimatliebe. Wie Thirtle stammt auch Robert Dixon aus Norwich, war Zeichenlehrer und Bühnenbildmaler am dortigen Theater, auch er ein Aquarellist von Rang, Spezialist für pittoreske Dorf- und Straßenszenen. In einer Serie delikater Weichgrundätzungen (*Norfolk Scenery*, 1810-11) gelingen Dixon Radierungen von Cromescher Qualität. Die Norwich School war ja nicht nur eine hohe Schule des Aquarells. Die Kupferstiche, schreibt Andrew W. Moore, »bleiben der am meisten unterschätzte Aspekt der stillen Revolution jener Künstler aus Norwich«.

Man sollte sich Zeit lassen auch für die zweite Generation dieser Malerschule, deren Bilder im Burgmuseum in dichten Reihen übereinander hängen. Die Vitalität der Norwich School bezeugen nicht zuletzt die Amateure in ihrem Umkreis, malende Rechtsanwälte und Versicherungsangestellte, ein aquarellierender Bierbrauer, zeichnende Pfarrer. So stark war damals nicht nur in Norwich der Drang der Amateure zur Kunst, daß der Maler Thomas Uwins einem Kollegen 1830 besorgt schrieb: »If gentlemen all take to painting for themselves, what is to become of us poor professional brushmen?«

Die Künstler und Amateure der Norwich School beeinflußten sich gegenseitig, sie hatten gemeinsame Interessen, oft dieselben Motive, aber keinen einheitlichen Stil. Ihre Bilder feiern die Schönheit der Countryside, aber sie zeigen auch realistisch den Alltag der Bauern und Fischer von Norfolk. Hier ist die vielgeschmähte Heimatkunst noch nicht zur Sentimentalität und zum Klischee verkommen, sondern auf der Höhe ihrer Möglichkeiten: unterwegs, um mit Präzision und Liebe ein differenziertes Bild der Heimat zu entwerfen. Nach den Jahren des Kriegs mit Napoleon, nach Revolutions- und Invasionsgefahren signalisieren diese Bilder die Rückkehr friedlicher Zeiten, den Rückzug auf die konservativen Werte einer ländlichen Gesellschaft. Es sind Bilder einer sozialen, nationalen Harmonie. Nicht zuletzt darum sind sie wohl heute in England wieder so populär, nachdem sie lange als bloße Nachahmungen holländischer Landschaftsmalerei mißverstanden wurden. Lange war die Norwich School aber auch die unbekannteste aller Malerschulen der englischen Provinz, in ihrer Isolation zugleich die konzentrierteste, eigenwüchsigste. Auch wenn einige ihrer Mitglieder gelegentlich in der Londoner Royal Academy ausstellten, so verkauften die meisten ihre Bilder doch nur an Einheimische in und um Norwich. 1833 fand die letzte, 27. Ausstellung der Norwich Society statt. Damit endete nach drei Jahrzehnten nicht die Malerschule selbst, aber ihre vitalste Phase.

Wie in Constable's Country, so ließen sich auch viele Motive der Norwich School auf einer Kunstwanderkarte lokalisieren: Markt und Kirchen, Devil's Tower und Bishop Bridge, Norwichs mittelalterliche Kulissen am River Wensum, oder Mousehold Heath, damals noch offene Heide auf den Hügeln über der Stadt, mit ihrer inzwischen abgerissenen Windmühle ein Lieblingsmotiv von Cotman, Crome & Co. Und weiter zum Rundturm von Whitlingham Church, nach Postwick Grove an die Ufer der Yare und in Cotmans Geburtsort Thorpe, einst »das

Richmond von Norfolk« genannt, nach Trowse Hythe, wo Yare und Wensum zusammenfließen, nach Reedham Ferry, wo immer noch eine Kettenfähre den Fluß überquert wie auf den Bildern von Joseph Stannard, hinaus in die Broads, zur einsamen Ruine von St. Benet's Abbey. Gibt es schönere Wegweiser als solche Bilder? Reizvollere Anlässe zum Orts- und Zeitvergleich? Wo auf Thirtles Norwich-Aquarell von 1812 in einer Werft am Cow's Tower Boote repariert werden, finden wir nun ein Flußcafé mit Bootsverleih. Und die Ruine von Carrow Abbey, eines der frühen Meisterwerke von John Crome, liegt heute auf dem Grundstück von Colmans Senffabrik.

Immer noch sieht man sie vor denselben Motiven sitzen, zeichnend, aquarellierend, mit anderen Augen und demselben Vergnügen. Schon früh wurden die pittoresken Motive der Schule von Norwich zu touristischen Sehenswürdigkeiten, ihre topographisch-architektonischen Bestandsaufnahmen zu willkommenen Illustrationen der Reiseführer. Allein 76 Aquarelle von Cotman, in Kupferstiche umgesetzt, illustrierten die *Excursions through Norfolk*, einen zweibändigen Londoner Baedeker von 1818/19. »Oh! rare and beautiful Norfolk.«

Die Broads

Nationalpark im Wartestand

Marschwiesen, Felder, in der Ferne ein paar Windmühlen. Hin und wieder gleitet still ein weißes Segel durch die Wiesen, als pflüge eine Haifischflosse durch den grünen Ozean. Grau und unbeweglich wie ägyptische Statuen stehen Fischreiher am Ufer. Libellen schwirren über dem Wasser, lautlos, mit blitzenden Flügeln. Ein paar Bläßhühner verschwinden schwatzend im Schilf. In der Luft der Geruch von abgebrannten Stoppelfeldern.

Augenblicke in den Broads, Erinnerungen an einen Spätsommertag auf dem River Bure. Sich treiben lassen, flußabwärts, vorbei an Horning, wo es in der Saison von Booten wimmelt wie im Hafen von Shanghai, den Flußwindungen folgen, abzweigen in schmale Durchstiche, die sich im Schilf zu verlieren scheinen, in einer fremden, wispernden Welt, bis die Sackgasse sich plötzlich wieder öffnet zum See, von Erlen und Weiden umgeben, Malthouse Broad: hier nicht anzulegen wäre eine Sünde, denn am Ufer steht ein Pub und auf dem Hügel eine Kirche mit einer goldenen Krone als Wetterfahne, und wer eben noch Rohrdommeln beobachtete, bewundert jetzt die Apostel von Ranworth, die schönsten gotischen Chorschranken von Norfolk, und natürlich den Blick vom Turm: da liegen ringsum die Broads wie riesige Badewannen mit lauter Spielzeugbooten, schon sind wir wieder an Bord, auf dem River Bure, flußabwärts, traumaufwärts in dieser zeitlosen, amphibischen, labyrinthischen Welt auf Seen und Flüssen, vorbei an den Anglern von St. Benet's, der einzigen Abtei, in deren Ruinen eine Windmühle steht, die ihre Flügel verloren hat im Kampf gegen den ewigen Wind, vorbei an dümpelnden Booten, wo sie an Deck sitzen und Tee trinken oder einfach nur mit den Beinen baumeln, auf der »Proud Lady«, der »Cheshire Cat«, auf »Silver Gem« und »Free 'n' easy«, Namen aus dem großen britischen Bootsferientraum, den Norfolk Broads.

Broadland, nordöstlich von Norwich: ein Gebiet von rund 570 Quadratkilometern, reichlich gewässert vom River Bure und seinen Nebenflüssen Thurne und Ant und von der Yare: eine faszinierende Landschaft, einzigartig in ihrer Entstehung, exemplarisch auch in ihren Problemen. Dies ist Englands größtes Feuchtgebiet aus Marsch und Wasser, Heimat vieler bedrohter Vogel- und Pflanzenarten. Zugleich ist dies eines der beliebtesten englischen Feriengebiete, Standort der größten Mietsbootflotte aller europäischen Kanalsysteme. Hier können Nelsons Enkel nach Herzenslust navigieren. Aber auch die einheimischen Bauern wollen von den Broads profitieren. Da hat *Aeshna isoceles*, die rare Norfolk-Libelle, einen schweren Stand.

Naturschutz und Freizeitindustrie, Landschaftserhaltung und landwirtschaftliche Nutzung: in diesen klassischen Interessenkonflikt schaltete sich sogar das Parlament in London ein. Die Broads wurden zum nationalen Fall. Was heute vor dem Eingriff der Menschen geschützt werden muß, ist indes erst durch ihren Eingriff entstanden. Die Broads sind weithin eine künstliche, keine natürliche Landschaft. Anders als der Lake District ist die ostenglische Seenplatte kein Ergebnis der Erdgeschichte allein, sondern ein sozusagen naturalisiertes Produkt der Sozialgeschichte des frühen Mittelalters. Torfstecher, nicht Eiszeitgletscher schufen die Broads.

Die Geschichte der britischen *splendid isolation* begann bekanntlich ziemlich feucht und spät. Noch bis etwa 6 000 v. Chr. war England mit dem europäischen Festland verbunden. Zur Insel wurde es erst, als der Meeresspiegel stieg. Auch der größte Teil des östlichen Norfolk wurde damals überflutet: eine flache, ausgedehnte Meeresbucht, auf deren älteren Torfschichten sich nun Schlamm und Sand ablagerten. Allmählich verlandete die Bucht, in den Sümpfen bildete sich neuer Torf; Marschland entstand. In dieser weithin baumlosen Ebene war Torf ein naheliegendes Brennmaterial. Römische Söldner, sächsische Siedler, normannische Eroberer: sie alle deckten hier ihren Heizbedarf. Torfabstich in großem Stil organisierten erst die Mönche im Mittelalter. Die Benediktiner von St. Benet's verstanden es, sich die Abbaurechte zu sichern, dazu Hand- und Spanndienste der Bauern. Die Abtei in den Broads wurde reich durch das braune Gold. Eine Stadt wie das nahe Norwich brauchte Brennstoff in Fülle; allein das bischöfliche Kloster verheizte 200 000 Torfballen in einem einzigen Jahr. Innerhalb von zwei Jahrhunderten wurden rund neun Millionen Kubik-Fuß Torf in den Broads gestochen. Entsprechend ausgedehnt waren die Torfgruben, manche bis zu viereinhalb Meter tief. Als im 14. Jahrhundert der Meeresspiegel stieg und die Regenfälle zunahmen, liefen die Torfgruben voll Wasser; die meisten waren um 1400 aufgegeben. So entstanden die *broad waters*, die Broads – Relikte einer mittelalterlichen Energiekrise.

Auf Flurkarten des frühen 19. Jahrhunderts sind die ursprünglich geometrischen Umrisse der überfluteten Torfgruben vielfach noch sichtbar. Vom Ursprung der Broads zeugen heute nur noch Ortsnamen wie Barton Turf oder jene schmalen Streifen, die man zwischen einzelnen Torfabstichen stehenließ, als nützliche Dämme und Grenzmarkierungen. Erst Mitte des 20. Jahrhunderts haben englische Landschaftshistoriker in detektivischer Kleinarbeit die tatsächliche Entstehung der Broads herausgefunden. Bis dahin galten sie als Werk der wetterwendischen Natur, als Reste einer flachen Meeresbucht, die sich in römischer Zeit zum Marschland entwickelte, ähnlich der Pevensey Marsh in Sussex.

Wie so oft in Ostengland hatte das Wasser sich also wieder sein Teil zurückgeholt vom Land. Die Broads wurden zum Revier der Aalfischer und Riedschneider, der Korbflechter und Wildentenjäger. Ried brauchte man zum Dachdecken und als Wandfüllung; Wildenten gehörten zur Grundnahrung der Bauern und zu den Delikatessen der Londoner Märkte. Noch König George VI. besuchte alljährlich von Sandringham aus zum *wildfowling*, zur Wildentenjagd, Ranworth und Malthouse Broad, als Gast des Gutsherrn Colonel Cator, der die beiden Seen aus seinem Privatbesitz 1949 dem Norfolk Naturalists Trust übertrug.

Früh begann die Entwässerung der Marschen. Erfolg hatte man damit erst im 18. und 19. Jahrhundert. Wie in den Fens, so pumpten auch überall in den Broads Windmühlen das Wasser aus der Marsch in die höher gelegenen, eingedeichten Flüsse. Diese Windpumpen waren anfangs meist einfache Holzkonstruktionen; die späteren, größeren sind aus Backstein. Zwei der schönsten stehen am Ufer der Thurne: leuchtend weiß mit weißen Flügeln die Thurne Dyke Windpump, schräg gegenüber die andere, aus rotem Backstein – ein Ensemble wie aus einem holländischen Landschaftsgemälde. Viele dieser Windpumpen und Kornmühlen hat der Norfolk Windmills Trust restauriert, mit privater Initiative und staatlichen Subventionen.

In den Broads steht auch Englands größte Windmühle, 25 Meter hoch, ein Dinosaurier aus Backstein: Sutton Mill. Tom Worts, ein wohlhabender Bauer und Unternehmer, hat sie 1789 erbaut. Chris Nunn, ein arbeitsloser Mechaniker, erwarb die aufgelassene Mühle 1976. Seit Jahren repariert er sein Riesenspielzeug auf eigene Faust, ein Enthusiast reinster Art (»Sonst hätte ich ein Viadukt restauriert«). Bis hinauf ins neunte Stockwerk erklärt mir Chris die komplett erhaltene Mühlenmechanik. Sutton Mill war in der Lage, 20 Tonnen Mehl pro Tag zu mahlen. Wie ein Schiffsrumpf geformt, stemmt sich die drehbare Haube aus Zedernholz gegen den Wind, mit mächtigen Flügeln aus kanadischer Fichte. Hunderte solcher Windmühlenflügel drehten sich einst in den Broads. Ich stelle mir vor, wie das klapperte und knarrte, pumpte und summte und sich drehte und drehte, als schwärmten riesige Mücken über der Marsch. Nun stehen nur noch wenige dieser Windmühlen am Wasser, verfallen oder restauriert, zu pittoresken Motiven erstarrt, Ausflugsziele, Monumente der Melancholie.

Wie die Windmühlen, so gehörten auch die *wherries* zum archaischen Bild der Broads: Schuten mit schwarzen Segeln, die Kohle, Holz, Dünger, Ried, Fisch und Malz beförderten, das wichtigste Verkehrsmittel zwischen Norwich und der Küste, bis die Eisenbahn kam. Um in den extrem flachen, schmalen Gewässern der Broads hart am Wind zu manövrieren, hat der Norfolk Wherry seine charakteristische Form entwickelt. Er ist rund 15 Meter lang, hat einen flachen Kiel und einen einzigen, etwa zwölf Meter hohen Mast mit Gaffelsegel, der sich mittels eines Gegengewichts leicht vor einer Brückendurchfahrt umlegen läßt. Von der einst großen Flotte dieser Plattbodenschiffe sind nur vier übriggeblieben – und die Modelle im Pub »The Wherry« in Norwich.

Den Alltag der ostenglischen Marschbauern hat keiner besser dokumentiert als ein viktorianischer Gentleman: Peter Henry Emerson, der Fotograf der Broads. Auf seinen Bildern sehen wir, wie in knietiefem Wasser das Ried geschnitten und gebündelt wird; wie sich der Wildentenjäger liegend im *gun-punt* anpirscht, einem flachen Ruderboot mit Schrotflinte im Bug; wie Fischer ihre Aalreusen einholen und zwei Kinder heimkehren auf ihren einsamen Hof in der Marsch. Sogar Wilddiebe standen dem Mann mit der Plattenkamera Modell. *Life and Landscape on the Norfolk Broads* (1886) ist eines von Emersons sieben Fotobüchern über diese damals noch abgelegene, fremdartige Welt zwischen Land und Wasser. Auf den Zuckerplantagen seines Vaters in Kuba geboren, in Cambridge zum Mediziner promoviert, erwarb Emerson 1884 ein Cottage in Southwold. Von dort aus erkundete er die Broads, lebte wochenlang auf dem Hausboot eines Malerfreundes, gab seine Arztpraxis auf, um nur noch zu fotografieren, gab auch das wieder auf, unzufrieden mit den Grenzen des Mediums, und widmete sich in den letzten vierzig Jahren seines Lebens wesentlicheren Dingen: dem Schreiben von Kriminalromanen, der Ahnenforschung sowie der Verbesserung der Billardregeln.

P. H. Emerson zählt zu den Pionieren der dokumentarischen Fotografie in England. Er verband die Genauigkeit des Naturwissenschaftlers[1] mit der Neugier des Reporters, malerische Komposition mit technischer Brillanz. »Bezeichne dich nicht als Kunstfotografen«, schrieb er selbstbewußt, »call yourself a photographer and wait for artists to call you brother.« In den weichen, impressionistischen Tonabstufungen seiner Platindrucke gewinnt die harte Arbeitswelt der Broads eine poetische Aura, nicht frei von Zügen viktorianischer Idylle. Emersons Bestandsaufnahme einer Landschaft und ihrer Lebensformen ist zugleich ein Abgesang. Als der Fotograf die scheinbar noch unberührte Welt der Marschbauern zeigt, hat die Eisenbahn schon Wroxham erreicht, den künftigen Sitz des Norfolk Broads Yacht Club. Segeln ist das neue Freizeitvergnügen der Viktorianer, Broadland ein ideales Revier. Nun befördern die *wherries* neben nützlichen Gütern auch Touristen. Und was tun sie da im Schilf, auf Emersons Foto von 1886? Sie pflücken Seerosen.

Mit so unbekümmertem Naturgenuß ist es heute vorbei. Umweltschützer versuchen auch hier zu retten, was noch zu retten ist. Von den 52 Seen der Broads sind 30 fast gänzlich ruiniert, »nur vier haben noch annähernd so etwas wie ihren früheren Pflanzenreichtum«. Zu diesem Ergebnis kam Timothy O'Riordan, Professor der University

[1] Emersons *Birds, Beasts and Fishes of the Norfolk Broadland* (1895) ist eines der ersten gänzlich mit Fotos illustrierten naturkundlichen Bücher.

of East Anglia, 1983 in einem offiziellen Gutachten für die Countryside Commission. Woher dieser dramatische Niedergang, »one of Britain's greatest wildlife disasters« (*Independent,* 1994)? Sind die Broads eine biologische Zeitbombe? Wer ist schuld daran? Die Armada der Motorboote? Profitgier der Bauern? *Blakes,* der Feriengroßunternehmer? Oder *Myocastor coypus,* die Biberratte?

Wenn ein so hochdifferenziertes Ökosystem wie dieses umkippt, hat das mehrere Ursachen. Durch Abwässer und Kunstdünger gelangen seit Jahren immer mehr Nitrate und Phosphate in die Broads.[1)] Das Wasser wird übersättigt, übermäßiges Algenwachstum gefördert. Tote Algenpartikel, im Schlamm abgelagert, werden durch Bootsschrauben immer wieder aufgewirbelt. Das Wasser wird seifig und trüb, das Wachstum der Pflanzen erheblich gestört. Tote Algen bilden im Schlick indes auch einen idealen Nährgrund für Bakterien. Die Folgen: mal verenden die Fische, mal die Wasservögel zu Tausenden. Auch für den rapiden Rückgang der Schilfgürtel gelten Nitrate und Phosphate als Hauptursache. In den letzten 50 Jahren haben die Broads mehr als die Hälfte ihres Riedgrases verloren – unersetzlicher Lebensraum für Teichrohrsänger, Rohrweihen, Schnepfen, Frösche, Libellen, Insekten. Von den Rohrdommeln sind nur noch wenige Paare übriggeblieben. Dagegen gab es bis vor kurzem zu viele Koipus, 1929 aus Argentinien eingeführte Biberratten. Statt sich zu Nutriapelzen verarbeiten zu lassen, entwichen einige aus ihren Zuchtfarmen, vermehrten sich rasant und trieben Raubbau im Ried.

[1)] Die Gewässer des (dünger-)reichen Ackerlandes East Anglia haben den höchsten Nitratgehalt in ganz Großbritannien.

Wo das Schilf stirbt, bröckeln die Ufer. Natürliche Schutzgürtel werden durch eiserne Spundwände ersetzt. Mehr als die Koipus nagen Motorboot und Ferienwelle an den Broads. Wie die Wildenten im Herbst, so fallen hier im Frühjahr die Freizeitkapitäne ein. In Jollen, Glasfiberjachten und Plastikkabinenkreuzern schippern sie umher, mit immer komfortableren Kombüsen, mit Heizung, Kühlschrank, Dusche, Fäkalientank. »Boating on the Broads« macht Spaß; aber dieser Spaß macht den Broads schwer zu schaffen. Rund 12000 Boote verkehren hier, zehnmal mehr Motor- als Segelboote. In der Hochsaison ist der River Bure bei Horning die M 1 der Broads. Gleichwohl sorgt sich David Court, Geschäftsführer von *Blakes Holidays*, daß die Naturschützer überhandnehmen und den Bootsleuten das Vergnügen (und das Geschäft) verderben könnten. *Blakes* in Wroxham, 1908 von einem Londoner Buchhalter gegründet, ist die älteste Bootsagentur der Broads, eine der erfolgreichsten der Branche, mit festen und schwimmenden Ferienwohnungen expandierend von Norfolk bis Florida. Daß die Ufer-Erosion an einigen Stellen »ernst« sei, bestreitet David Court nicht. »Aber die Boote werden für viele Schäden verantwortlich gemacht, die sie nicht verursachen.« Gibt es nicht Geschwindigkeitsbeschränkungen? Gewiß, aber Verkehrssünder kontrolliert hier keiner. Sind nicht etliche Broads für Boote gesperrt? Zum Glück, aber um so voller ist es auf den anderen.

Das Geschäft mit der Natur floriert nur, solange die Natur floriert. Wenn *Blakes* sich an Maßnahmen zur Erhaltung der Broads beteiligt, so dient das auch eigenen Interessen. Anders die Bauern der Marsch. Der Ertrag ihres

Bodens interessiert sie naturgemäß mehr als die Qualität der Gewässer. Entwässerung war lange die Parole, jedermann verstand das. Bis man Ausmaß und Folgen dieser Entwicklung erkannte: Allein nach dem Krieg wurde etwa ein Viertel der gesamten Marschwiesen der Broads in Ackerland umgepflügt, die charakteristische Tier- und Pflanzenwelt weiter dezimiert. »Die Zerstörung der Broads durch Drainage und die Umwandlung von Viehweiden in Prärie-Weizenfelder schreitet in erschreckendem Umfang fort«, konstatiert der Landschaftshistoriker Richard Muir 1984. Da kommt es zu einem exemplarischen Fall, zum Kampf um die Halvergate-Marsch.

Halvergate ist ein Dorf im großen, feuchten Dreieck zwischen den Mündungsarmen von Bure und Yare. Fettes Weideland, Deiche, Gräben, Reste alter Windmühlen. Noch im 19. Jahrhundert trieben schottische Hochlandbauern ihr mageres Vieh nach Norwich, wo sie es zum Mästen an die Bauern der Halvergate Marshes verkauften. Die wollen ihr Land endlich besser nutzen und Getreide anbauen. Nun gedeihen hier aber auch Brachvögel, Schnepfen und Fischreiher, Sumpforchideen und allein 14 verschiedene Grasarten. Einmal umgepflügt, wäre es für immer verloren. Ein Sturm der Entrüstung bricht los. Naturschutzverbände, Bürgerinitiativen, der Council for the Protection of Rural England, alle protestieren. Auch die Lobby der Bauern macht mobil. Mitglieder der Friends of the Earth ketten sich an die ersten Bulldozer, die zum Umpflügen der Marsch anrücken. Keiner will nachgeben, keiner kann gewinnen. Halvergate, schreibt die *Times*, sei »das Flandern im großen Krieg zwischen den Interessen der Landwirtschaft und den Zielen des Naturschutzes«.

Schließlich ein vorläufiger Kompromiß: 111 Bauern von Halvergate lassen ihr Marschland brachliegen; dafür bekommen sie eine staatliche Entschädigung in Millionenhöhe. Bizarre Subventionen, aber keine Lösung.

Der Fall Halvergate zeigt, wie wirkungslos die bisherigen Umweltschutzgesetze sind. Warum erklärt man eine so einzigartige Landschaft wie die Broads nicht zum Nationalpark? Solche Versuche gab es; sie scheiterten an widerstreitenden Interessen und konkurrierenden Ämtern. Zwei Grafschafts- und sechs Bezirksräte, das ostenglische Wasserschutzamt, der Verband der Binnenschiffahrt, die Hafenbehörde von Great Yarmouth: sie alle arbeiten in der Broads Authority zusammen, so gut es geht. Diese wahrhaft amphibische Aufsichtsbehörde erhielt 1989 durch ein eigenes Gesetz beträchtlich erweiterte Vollmachten. Dadurch haben die Broads heute, auch ohne die offizielle Bezeichnung, den Status eines Nationalparks. Aber die Probleme blieben.

Wie erfolgreich, wenngleich aufwendig, die Reinigung und Revitalisierung verschmutzter Gewässer sein kann, habe ich am Cockshoot Broad gesehen. Dieser kleine See südlich von Horning war in den letzten Jahrzehnten immer mehr verschlammt, die Wasserqualität immer schlechter geworden. Zunächst wurde der See abgedämmt vom River Bure, dann der verseuchte Schlick abgepumpt. Die Wasserpflanzen vermehrten sich wieder, auch die Wasserfliegen kehrten zurück, von denen man die Vertilgung der Algen erwartet. Heute ist der Cockshoot Broad wieder eine Oase, über einen Bohlenweg erreichbar, für Ausflugsboote gesperrt. Nach und nach hofft man so, bis zur Mitte des 21. Jahrhunderts die gesamten

Broads zu revitalisieren, eines der ehrgeizigsten Projekte zur Restaurierung der englischen Landschaft.

Betreut wird der Cockshoot Broad vom Norfolk Naturalists Trust, der hier mit Informationszentren, Naturlehrpfaden und Vogelbeobachtungshütten bewundernswerte Arbeit leistet: Erhaltung durch Aufklärung. Als Naturschutzgebiete verwaltet der Trust auch Teile von Martham Broad und Hickling Broad am dreifach gegabelten Oberlauf des River Thurne. Dort gibt es noch Rohrdommeln und Rohrweihen, öfter zu hören, als zu sehen, und als dritten charakteristischen Vogel der Broads die Bartmeise. Gelegentlich läßt sich ein Fischadler auf der Durchreise am Hickling Broad blicken. Als besondere Attraktion dieses nur etwa 90 Zentimeter tiefen, größten Sees der Broads gilt *Papilio machaon*, der Schwalbenschwanz. Die Raupen dieses raren Edelfalters finden dort noch den Wilden Eppich, den sie zur Ernährung brauchen. Sollten Sie indes einen Mann in der Uniform der napoleonischen Kriege in schnellem Schlittschuhlauf übers Wasser eilen sehen, als sei der See zugefroren, dann sehen Sie Gespenster, genauer: den *skating soldier*, das Gespenst von Hickling Broad. Ein junger Soldat, heißt es, mit seinem Regiment in der Nähe des Sees stationiert, verliebte sich in ein Bauernmädchen am anderen Ufer. Wann immer er frei hatte, besuchte er sie. In jenem Winter fuhr er oft auf Schlittschuhen übers Eis zu seiner Geliebten – bis er eines Nachts, als die Temperatur leicht anstieg, in der Mitte des Sees einbrach und ertrank.

Heute sucht ein ganz anderes Gespenst Hickling Broad heim: *Chara intermedia*, die sogenannte Armleuchteralge. Sie macht ihrem Namen alle Ehre, bringt sie die

Schiffahrt doch fast zum Erliegen. Die Armleuchteralgen, die sich explosiv vermehrt haben, schlingen sich um die Bootsschrauben, bis alles heillos verknäult ist und nichts mehr geht. Nur die Naturschützer lieben *Chara intermedia,* denn diese relativ seltene Algenart dient überwinternden Wildenten als Nahrung. Wem gehören die Broads, fragen die erbitterten Freizeitkapitäne? Etwa den Enten?

Grau und starr steht ein Fischreiher am Ufer. Bei der Windmühle, am Kai von Horsey Mere, vertäut ein Segler sein Boot und macht sich auf den Weg ins Dorf. Ein paar Häuser, eine Kirche, ein Pub und ein Briefkasten: das ist Horsey. Die kleine Kirche ist aus Flintstein gebaut und mit Reet gedeckt. An der Wand eine Namensliste aller Pfarrer seit 1315, daneben Fotos von Schleiereulen, die im Rundturm nisten. Ist das Haus Gottes nicht auch ein Haus der Vögel, zumal in den Broads? Im Chorfenster sehe ich statt einer Heiligenfigur das Porträt einer viktorianischen Malerin, an der Staffelei stehend, in einem langen, roten, hochgeschlossenen Kleid: Catherine Ursula Rising, von der Kunstgeschichte vergessen, aufgehoben in der kleinen Ewigkeit einer Dorfkirche.

Nach der Stille von Horsey Mere, nur eine gute Meile vom Meer entfernt, wieder flußaufwärts ins Gewühl von Potter Heigham: Werften, Wellblechschuppen, Läden für Bootszubehör und Proviant, alles überragt vom marineblauen Tower Shop. Für viele Broads-Skipper ist hier End- oder Ausgangspunkt der Reise. Seit dem Mittelalter sorgt eine niedrige Steinbrücke dafür, daß nur kleinere Boote das Nadelöhr passieren können.

Im Oktober kommen die Kormorane. Sie überwintern

am Nordrand des Ranworth Broad. Zu Hunderten sammeln sich die schwarzen Klippenbrüter gegen Abend in den Bäumen am Ufer. Hier, zwischen Ranworth und Malthouse Broad, hat die Queen 1976 ein schwimmendes Museum eröffnet, das Broadland Conservation Centre des Norfolk Naturalists Trust. Auf dem fast einen halben Kilometer langen Bohlenweg durch den Sumpf lernt man buchstäblich Schritt für Schritt, wie Vegetation sich entwickelt, vom offenen Wasser bis zum festen Land. Einen Naturlehrpfad eigener Art, zur Ehre Gottes und zur Freude der Gemeinde, gibt es seit Jahrhunderten in der Kirche von Ranworth: gelbe Schwertlilien, Butterblumen und andere Pflanzen der Marsch, gemalt auf das Fächergewölbe eines Baldachins, der mit filigranem Maßwerk die gotischen Chorschranken von St. Helen krönt. Dies sind die schönsten, am vollständigsten erhaltenen Chorschranken in Norfolk. Auf den Holzpaneelen des Mittelteils ganzfigurige Darstellungen der zwölf Apostel, flankiert von dem Erzengel Michael und von St. Georg, dem englischen Nationalheiligen. Auch Thomas Becket, Erzbischof von Canterbury, Queen Etheldreda von Ely und St. Felix, der erste Bischof von East Anglia, gehören zu dieser Galerie der Märtyrer und Heiligen. Welche Anmut der Bewegung, Eleganz der Kleidung, Spiritualität des Ausdrucks. Höfische und himmlische Welt, Realismus und Glaubensinbrunst des Mittelalters sind hier in wunderbarer Einheit verbunden, in leuchtend roten, grünen, goldenen Farben. Stilisierte Blumen bilden den Hintergrund der Figuren, Blumen aus dem irdischen Paradies der Broads. Die Chorschranken von Ranworth sind wahrscheinlich eine Gemeinschaftsarbeit einheimischer

Schnitzer und flämischer oder deutscher Maler. Daß dieses Meisterwerk englischer Kirchenkunst aus dem frühen 15. Jahrhundert so gut erhalten ist, verdanken wir nicht nur den Restauratoren. Puritanische Eiferer haben hier nur wenige Gesichter zerkratzt, statt dessen die verhaßten papistischen Symbole mit brauner Farbe attackiert – und so bestens konserviert.

Als ich St. Helen besuchte, kurz nach dem Erntedankfest, standen Weizengarben vor den Chorschranken und Schilfbündel rund um die Kanzel, neben dem vorreformatorischen Chorpult aus Eiche lag ein riesiger Kürbis. Diese Dorfkirche hat noch einen zweiten Schatz, den ich eher in einem Museum erwartet hätte: eine illuminierte Handschrift aus der Zeit um 1400. Prämonstratensermönche von Langley Abbey am River Yare schufen dieses Antiphonale, das ihre täglichen Gebete und Gesänge enthielt, geschmückt mit 19 brillanten Miniaturmalereien. Gleich daneben ein bitteres Zeugnis unserer Zeit: ein Feldaltar aus dem Ersten Weltkrieg, dazu ein Fotoalbum mit Porträts der Gefallenen – rund 50 Männer allein aus dieser kleinen Gemeinde. Ich stieg die Wendeltreppe hinauf in den Turm. Eine wahrhaft königliche Aussicht: das Panorama der Broads und eine goldene Krone als Wetterfahne, mit den Initialen E R (Elizabeth Regina) und dem Datum des Krönungsjahrs, 1953. Da trifft es sich, daß der jetzige Pfarrer von Ranworth *Chaplain to the Queen* ist, einer der Hofgeistlichen der Königin.

Abseits der Dörfer und Straßen liegt eine bizarre Doppelruine in der Marsch, eine Windmühle im Torhaus einer Abtei: St. Benet's Abbey. Benediktiner gründeten am Nordufer der Bure ein Kloster, Wikinger verwüsteten es um 870, Englands dänischer König Canute baute es 1020 wieder auf. Es wurde eine der reichsten Abteien East Anglias. Ende des 13. Jahrhunderts besaßen die Mönche von St. Benet's Ländereien in 76 Gemeinden Norfolks, ihnen unterstanden zahlreiche Pfarrkirchen und beträchtliche Teile der mittelalterlichen Torfindustrie. Fette Beute für die Reformatoren, sollte man meinen. Henry VIII. zog indes einen Tauschhandel vor: Er machte den letzten Abt 1536 zum Bischof von Norwich, der übertrug dem König die Ländereien der Kathedrale und behielt die der Abtei. So wurde St. Benet's als einziges aller englischen Klöster nicht aufgelöst. Und bis heute ist der Bischof von Norwich Titular-Abt von St. Benet's. Alljährlich am ersten Sonntag im August kommt er von Norwich, das letzte Stück im Boot, und zelebriert einen Open-Air-Gottesdienst neben der Klosterruine. Ein Abt ohne Mönche: der letzte verließ das Kloster schon 1545. St. Benet's verfiel, wohlfeiler Steinbruch für die Bauern der Umgebung.

Als der Wind durchs Torhaus pfiff, lag es nahe, eine Windmühle hineinzubauen, zum Entwässern der Marsch. Das war im späten 18. Jahrhundert. Nun rückten auch die Künstler aus Norwich an, Cotman & Co. Ein Motiv wie aus dem Lehrbuch der Romantik: die einsame Ruine am Fluß, gotisches Klostergemäuer, aus dem eine Windmühle ihre Flügel gen Himmel reckt – was für ein Symbol für die Vergeblichkeit irdischen Strebens, was für ein Ausflugsziel für viktorianische Picknick-Pilger. Dann, 1863, blies ein Sturm der pittoresken Gebetsmühle die Haube samt Flügel vom Rumpf. So liegt St. Benet's nun da, ruiniert, unverwüstlich, noch nicht kommerzialisiert zur Wiederaufbereitungsanlage romantischer Gefühle.

Heute gehört das einstige Abteigelände einer Versicherungsgesellschaft, der Norwich Union, mit einem Bauern als Pächter. In den Fischteichen der Mönche wächst nun Schilf, und Kühe weiden auf den Fundamenten der Kirche. Hier also liegt Shakespeares Falstaff begraben: Sir John Fastolf von Caister Castle, einer der großen Wohltäter der Abtei. Am Ufer sah ich Flintsteine im Wasser blinken. In der Ferne glitt ein rotes Segel durch die Marsch. So ging ich weiter den Fluß entlang unter Cotmans Wasserfarbenhimmel.

Holkham Hall

Der Ackermann und die Kunst

Triumphbogen und Obelisk, eine lange Eichenallee. Rotwild und Schafe in einem weiten Park. Eine pastorale Ouvertüre, jeder Ton, jeder Blick genau bemessen in der Dramaturgie des Landschaftsparks. Plötzlich, hinter einer Bodenwelle, taucht Holkham Hall vor uns auf, das Landschloß der Grafen von Leicester. Als sei Geschichte hier zum Stillstand gekommen, erstarrt in einem schönen Augenblick der Einheit von Natur und Kunst, zeitlos, unzeitgemäß. Dies sind die Augenblicke, die wir suchen, die Dornröschenschlösser der britischen Geschichte.

Bevor Capability Brown 1762 diesen Park entwarf, war ringsum nichts als salzige Marsch, eine windgepeitschte, baumlose Küste. Welche Kühnheit, hier ein Haus zu bauen, und was für ein Haus: ein palladianischer Palast in der Einöde der Marsch, *splendid isolation* im äußersten Norden East Anglias. Und dann, sein Schloß ist fast fertig, hält Sir Thomas Coke Ausschau nach einem Nachbarn: »It is a melancholy thing to stand alone in one's own country. I look around, not a house to be seen but my own. I am Giant of Giant Castle, and have ate up all my neighbours – my nearest neighbour is the King of Denmark.«

Thomas Coke hatte in jungen Jahren ein beträchtliches Vermögen geerbt. Mit fünfzehn ging er auf die obligate

Grand Tour durch Europa, begleitet von seinem Tutor, einem Cambridge-Don. Von dieser Bildungsreise kehrte er nach fünf Jahren zurück, im Gepäck eine der kostbarsten privaten Antikensammlungen des Landes. Bei seinen Kunstkäufen ließ sich der junge Lord auch von einem Kutschenmaler aus Yorkshire beraten, der damals gerade in Italien die schönen Künste studierte, William Kent. Auch dessen Mäzen lernte er kennen, den Exzentriker und Connaisseur Lord Burlington. Das Ergebnis dieser Freundschaft ist Holkham Hall: ein Stück Italien in East Anglia, englisch eigentlich nur durch seine Lage.

Ein Architekt aus Norwich, Matthew Brettingham, hat Holkham Hall 1734-59 gebaut, nach Entwürfen von William Kent und dem Auftraggeber selbst. Auch Lord Cokes Freunde, der Herzog von Bedford und Graf Egremont, bauten sich damals neue Häuser, Woburn und Petworth, nicht ohne wechselseitige Anregungen. Es waren die Jahre des Umbruchs vom Barock Wrens und Hawksmoors zu einem reineren, klassischen Stil. Palladio war die Parole, Lord Burlington der Protagonist, der führende Architekt Colen Campbell; er entwarf Holkhams Nachbarschloß Houghton.

Heute wird der Besucher von der falschen Seite ans Haus geführt, von Norden; als Schauseite aber war die Südfassade konzipiert, die Gartenfront. Ein Hauptblock mit vier quadratischen Ecktürmen, flankiert von dreigiebligen Seitenflügeln: schön gestaffelt in ihren Volumina und Proportionen liegt Holkham Hall da, über hundert Meter lang auf grünem Tableau. Die lukenartigen Fenster im Erdgeschoß, die großen Mauerflächen über den Fenstern neben dem Portikus, die kühlen, graugelben Ziegelsteine: das alles gibt der Fassade ein strenges, puritanisches Gepräge. Architektur der praktischen Vernunft, »so funktional wie eine preußische Reitschule« (Nigel Nicolson). Gute Architektur, das hieß für Lord Coke nicht zuletzt: *commodiousness,* Bequemlichkeit. Leicht zugänglich sollte alles sein: Salons, Galerien und Staatsgemächer im Hauptblock rund um die beiden Innenhöfe; in den Seitenflügeln Küche und Kapelle, Familien- und Gästezimmer. Für den Grundriß stand Palladios Villa Mocenago Pate; auch das Motiv der Venezianischen Fenster stammt von ihm, in England eingeführt von Inigo Jones.

Holkham Hall hat zwei Gesichter: hinter der schlichten, schmucklosen Fassade Säle von verschwenderischer Pracht. Ein Kontrast, der dem Zeitgeist entsprach und etwas wohl auch dem Nationalcharakter. Askese und Luxus unter einem Dach, Puritaner und Epikureer in einer Person. Wo in England gäbe es ein triumphaleres Entree als die Marble Hall von Holkham? Ein Treppenaufgang mit Empore und Säulenumgang; ionische Säulen aus elfenbein- und pinkfarbenem Alabaster aus Derbyshire; darüber die reich verzierte, kassettierte Kuppeldecke. Diese Eingangshalle[1)], halb römische Basilika, halb Badetempel, führt in die Beletage. Im Salon, dem Hauptempfangssaal, Gemälde von Gainsborough und Rubens (*Die Flucht nach Ägypten,* 1614), über dem Kamin mythologische Bilder des italienischen Spätbarock, dazu Prunkmöbel von William Kent; seine Seitentische haben Straußen-Beine (das Wappentier der Cokes) und Mosaikplatten aus Hadrians Villa

1) In der Marble Hall auch Arbeiten englischer Bildhauer des Klassizismus, u.a. Sir Francis Chantreys Grabstele für zwei Waldschnepfen, die er bei seinem Besuch 1829 mit einem Schuß erlegte.

bei Tivoli. An den Wänden noch die Original-Bespannung, karmesin- und weinroter Samt aus Genua. Prächtig vergoldete Stuckdecken und Halbkuppeln, teils nach Entwürfen von Inigo Jones. Monumentale Gobelins aus Brüssel und Mortlake. So kostbar die Materialien, so üppig der Dekor, alles bleibt doch im klassizistischen Maß. Die Proportionen der Räume spiegeln auch geistige Proportionen, das Gleichgewicht von Reichtum und Geschmack.

Jeder dieser Salons hat seine Besonderheit. Im Brown State Bedroom eine der Raritäten von Holkham: die einzige erhaltene zeitgenössische Kopie von Michelangelos Karton für das Wandbild im Saal des großen Rats von Florenz. Im Landscape Room eine erlesene Sammlung mythologischer Landschaften von Claude Lorrain, dem Lieblingsmaler Lord Cokes, dazu Bilder von Nicolas und Gaspard Poussin – und der Blick hinaus durch das hohe Venezianische Fenster mit seinen Säulen und Pilastern, eleganter Rahmen für ein Park-Stilleben. Diese Einheit von Landschaft, Architektur, Kunst und Handwerk gibt Häusern wie Holkham Hall ihre unvergleichliche Atmosphäre.

Claude Lorrain, Van Dyck, Hondecoeter: Unter den Gemälden im Drawing Room verdient ein Porträt besondere Beachtung, nicht so sehr aus künstlerischen Gründen. Es zeigt einen Mann mit elisabethanischem Spitzbart, Halskrause und Hermelinumhang: Sir Edward Coke in der roten Robe des Lord Chief Justice. Er kam aus einer alten Norfolker Familie, stieg auf zum Generalstaatsanwalt und Lord-Oberrichter, war Hauptankläger von Walter Raleigh und Guy Fawkes, ein treuer Diener seines Königs und zugleich dessen schärfster Opponent, wenn es um jene demokratischen Grundrechte ging, die heute selbstverständlich sind, die Unabhängigkeit des Parlaments und der Gerichte: »The liberties, franchises, privileges und jurisdictions of Parliament, are the undoubted birthright and inheritance of the subjects of England.« Für solche Unbotmäßigkeit sperrte James I. ihn in den Tower. Noch mit 77, jetzt gegen Charles I., gehörte der unbestechliche Lord zu den Initiatoren der *Bill of Rights* (1628), ein wichtiger Schritt im Kampf zwischen Krone und Parlament. So begründete Sir Edward den Ruhm und das Vermögen der Familie Coke.

Die Herren von Holkham hatten viele Räume. Die kärglichsten waren für ihre Diener bestimmt (die *footmen* schliefen zu viert in einem Bett), die schönsten für ihre Statuen. Die lange Galerie im Westflügel konzipierte Lord Coke eigens für die griechischen und römischen Skulpturen seiner Sammlung. Gebildet, *gentleman* war ja nur, wer etwas von Pferden, Cricket und der Antike verstand. Damals schwärmten sie aus, die britischen Marmorjäger, nach Rom und Athen, lauter kleine Lord Elgins, und füllten ihre kalten Häuser mit den Trophäen südlicher Bildung. Damals, Mitte des 18. Jahrhunderts, entstanden Englands große private Antikensammlungen: in Petworth House und Castle Howard, in Arundel Castle und Houghton Hall. Zu den Glanzstücken der Sammlung Lord Cokes, nach seinem Tod fast unverändert in ihrer Original-Aufstellung bis heute erhalten, zählen die ganzfigurigen Statuen der Diana und des Marsyas (2. Jh. n. Chr.).

Solche Sammlungen prägten den Geschmack der Zeitgenossen, zumal es damals noch keine öffentlichen Museen gab. Holkham Hall besuchte man schon zu Lebzeiten Lord Cokes, vor allem seiner Antiken wegen. Einmal in der Woche durfte jedermann das Haus besichtigen, »every decently dressed person«, nicht nur Standesgenossen. Man wurde mit Keks und Sherry bewirtet, der Andrang war groß. Sogar der König wollte kommen. Das war zur Zeit des Amerikanischen Unabhängigkeitskriegs, und der damalige Lord Coke gehörte zu den erbitterten Gegnern der königlichen Kolonialpolitik. Als George III. ihm nun ein Billett sandte, er wolle Holkham Hall gerne nächsten Dienstag besichtigen, gab der Hausherr den lapidaren Bescheid: »Sorry, we are closed on Tuesday.«

Der Mann, der seinem König diese klassische Abfuhr erteilte, Thomas William Coke, ließ sich 1782 von Gainsborough porträtieren: nicht im höfischen Kostüm eines *Knight of the Bath* oder als Ritter der Grafschaft wie seine Vorfahren, sondern im einfachen Bauernrock, von seinen Hunden umgeben, beim Säubern des Jagdgewehrs in einer offenen Waldlandschaft stehend – scheinbar nur das Bild eines Landedelmanns und passionierten Jägers. Tatsächlich ist dieses brillante Spätwerk Gainsboroughs in Holkham ein historisches Rollenporträt, höchst repräsentativ in seiner antirepräsentativen Haltung: ein politischer Auftritt in pastoralem Gewand. Denn in eben diesem Norfolker Bauernrock, den er als *Knight of the Shire* auch bei Hofe tragen durfte, trat der Abgeordnete Coke im Februar 1782 vor George III. und überreichte ihm im Auftrag des Parlaments eine Resolution, mit nur einer Stimme Mehrheit beschlossen: der König möge den Krieg in den amerikanischen Kolonien beenden und die Vereinigten Staaten offiziell anerkennen. So geschah es wenig später. Der Norfolker Bauernrock aber, mit dem der junge Whig-Oppositionelle den König und seine Partei, die Tories, brüskiert hatte, wurde von Gainsborough malerisch geadelt und zum Modevorbild der Dandys im Regency: *Country Look* à la Coke. Aber nicht deshalb wurde »Coke of Norfolk« zum Begriff.

Mit zweiundzwanzig erbte er die Güter von Holkham. Er hatte Eton absolviert und, statt zu studieren, sich auf dem Kontinent umgesehen. Nun, nach der Grand Tour, begann die Ochsentour der Landwirtschaft: »Auf jeden Grashalm, der da wuchs, kamen zwei Kaninchen, die sich um ihn zankten.« Dieses magere Land zu verbessern, interessierte den jungen Lord mehr als die Kunstschätze seines Schlosses. Er pflanzte Bäume und Hecken, um die Boden-Erosion zu stoppen. Er engagierte Fachleute aus Holland zur Drainage der Felder. Er veranlaßte seine Pächter, ihre leichten Böden mit Mergel zu düngen. Er überzeugte sie vom Fruchtwechsel: Weizen-, Kartoffel- und Rübenanbau statt saurer Wiesen. Statt antiker Statuen wie sein Großonkel importierte er italienische Zuchtschweine. Er führte neue Landmaschinen ein, baute eine große Scheune und seinen Pächtern bessere Häuser – auch sie sollten profitieren, nicht nur der Pachtherr. So steigerte Lord Coke den Ertrag seiner Güter in 40 Jahren um das Zehnfache, für damalige Verhältnisse ein spektakulärer Erfolg. Ungewöhnlich war auch etwas anderes: *His Lordship* farmte selbst. Ein *gentleman* tat das eigentlich nicht, das überließ er bisher den Bauern. Auch das änderte Lord Coke mit seinem Beispiel, ein Prestigegewinn für die Landwirtschaft.

Alljährlich, wenn die Bauern sich zur Schafschur trafen, demonstrierte »Coke of Norfolk« den Nachbarn seine neuesten Methoden und Produkte – Vorläufer der *Royal*

Norfolk Show und anderer Landwirtschaftsausstellungen. Zu den *Holkham Sheep Shearings* kamen bald auch Agrarexperten aus Frankreich, Schweden, Polen, Rußland, Amerika, Hunderte von Teilnehmern, die er im Schloß und in den Dörfern der Umgebung einquartierte. Mit achtundsechzig heiratete Lord Coke die 18jährige Anne Keppel, wurde Vater und erntete Hochrufe im Parlament. Als Queen Victoria 1837 den Thron bestieg, erhob sie den 83jährigen Squire zum Earl of Leicester, der erste Peer ihrer Regentschaft. Als er fünf Jahre später starb, errichteten ihm seine Pächter eine Gedenksäule von Nelson-Format, fast 40 Meter hoch, auf dem Sockel die vier Elemente seiner Agrarreform: ein Ochse aus Devon, ein Schaf der Southdowns, ein Pflug, eine Sämaschine. Seitdem wuchs die Legende von »Coke of Norfolk«. Die eigentlichen Pioniere der Agrarrevolution in England aber waren andere: Jethro Tull, der ein Jahrhundert vor ihm die Drillmaschine einführte; der Viehzüchter Robert Bakewell aus Leicestershire, dessen Rat er suchte; und »Turnip Townshend«, der Herr der Rüben von Raynham Hall in Norfolk. Was sie begonnen hatten, führte »Coke of Norfolk« auf breiter Basis zum Erfolg.

Und heute? Noch immer ist Holkham Hall im Besitz derselben Familie. Immer noch hängt der Gainsborough im Salon, und der älteste Sohn heißt Edward. Edward Viscount Coke, ein kräftiger, sportlicher Mann, empfängt mich im Gutsbüro. Zu seinen Füßen Shrimp, der Spaniel, an den Wänden Porträts von Rindern und Schafen, das Musterzuchtvieh seiner Ahnen. Lord Coke, 1936 in Südafrika geboren, lernte auf den Gütern der Queen in Sandringham, wie man solche Ländereien verwaltet. Die

Queen wiederum hat einen Privatstrand an der Küste der Cokes[1]. Genau 200 Jahre nach »Coke of Norfolk«, 1976, trat Sir Edward das Erbe von Holkham an. Aber sein Erbe war geschrumpft: von 42000 Acres (1941) auf 25000 Acres. Erbschaftssteuern hatten die Ländereien, seit drei Jahrhunderten fast ungeschmälert im Besitz der Familie, innerhalb von 35 Jahren um mehr als ein Drittel dezimiert. Auch Sir Edward hatte hohe *death duties* zu zahlen, auch er mußte verkaufen. Statt Grund und Boden verkaufte er Raffael und Leonardo. »One had to do it, you see. Land ist etwas, was immer da ist, keiner kann es einem wegnehmen. Das Land finanziert das Haus.«

So kam es, daß Christie's im Frühjahr 1986 Raffaels *Schöne Gärtnerin* versteigerte, den Entwurf des berühmten Gemäldes im Louvre. Der erste Lord Leicester hatte diese Zeichnung auf seiner Grand Tour 1713 in Rom erworben, der erste Raffael in einer britischen Sammlung. Fast drei Jahrhunderte hing er in Holkham Hall; für über drei Millionen Mark ersteigerte ihn die Nationalgalerie in Washington. Spektakulärer noch der Verkauf des *Codex Leicester.* Es war das letzte noch in Privatbesitz befindliche Skizzenbuch Leonardo da Vincis: eines der großen Werke der Kunstgeschichte, um 1508 entstanden, 1717 von Lord Leicester erworben, 1980 von Christie's in knapp einer Minute versteigert, für 10,2 Millionen Mark. Leonardos *Codex Leicester* hieß nun *Codex Hammer,* denn er gehörte dem amerikanischen Öl-Magnaten Armand Hammer. Nach dessen Tod erwarb der Microsoft-Gründer Bill Gates die Leonardo-Hand-

[1] Die kitschige Strandszene am Schluß von *Shakespeare in Love* mit Gwyneth Paltrow wurde am Strand von Holkham gedreht, nicht etwa in der Südsee.

schrift 1994 für nunmehr 30,8 Millionen Dollar – und nannte sie erneut *Codex Leicester.*

»Statt des Leonardo hätte ich auch 2500 Acres Land verkaufen können, das war der damalige Gegenwert«, erklärt Viscount Coke. »But I like the land, I walk over it, I see it, I enjoy it, I farm it. Der Leonardo lag weggeschlossen in einem Safe, keiner sah ihn.« Wie sympathisch, dieses Bekenntnis eines Norfolker Landmanns, im Nebenberuf Kurator eines Familienmuseums von nationaler Bedeutung. Wie problematisch, von seinesgleichen zu erwarten, sie könnten das kulturelle Erbe der Nation bewahren, wenn ihnen das eigene Erbe zerfällt. »Mein Vorgänger starb vor zehn Jahren, bis heute zahlen wir an den Erbschaftssteuern. Ich sehe darin keine Ungerechtigkeit. Aber wenn die Nation Güter wie Holkham erhalten will, sollte sie uns etwas mehr dabei helfen, zum Beispiel mit Steuererleichterungen. Ist der Staat erst einmal für solche Landschlösser allein verantwortlich, kommt ihn das sehr viel teurer zu stehen als mit einem Privatbesitzer.« Schlimmstenfalls, meint Lord Coke, müsse er eben wieder etwas verkaufen: eher ein Kunstwerk als eine Krume Acker. Das tat er 1991, als er bei Christie's 66 seiner Altmeisterzeichnungen für 9,4 Millionen Mark versteigern ließ.

Die reinen Betriebskosten von Holkham Hall betragen alljährlich etwa eineinhalb Millionen Mark. Nur einen Bruchteil decken die Eintrittsgelder der rund 40000 Besucher. »An jedem Tag der Woche außer sonntags, das ganze Jahr hindurch, sind ein oder zwei Handwerker im Haus unterwegs und reparieren irgend etwas.« Bei größeren Restaurierungsarbeiten gibt es staatliche Subventionen (maximal 40% der Kosten). »Running a place like Holkham is a question of philosophy«, sagt Lord Coke: »Entweder du findest es zu gewaltig und hast Angst, irgend etwas zu machen, oder man betrachtet es als große Herausforderung und große Chance – so sehe ich es.« Denkt er nicht manchmal daran, die ganze Chose dem National Trust zu überantworten? »Das wäre eine Bankrotterklärung. Holkham ist lebensfähig.«

Zu den Gütern der Cokes gehören 267 Häuser. Sir Edward, genannt Eddy, beschäftigt 84 Angestellte: Land- und Forstarbeiter, Wildhüter, Gärtner, Maurer, Klempner, Zimmerleute. Jeder seiner 30 Pächter betreibt eine 500-Acres-Farm. Er selbst bestellt 5000 Acres, vor allem Weizen, Gerste, Zuckerrüben; dazu Schaf- und Viehzucht. »Wo 1968 zwanzig Mann auf einem Gutshof arbeiteten, brauchen wir heute nur noch fünf – we just get bigger machines.« Größere Maschinen, größere Felder – und immer weniger Hecken? »Meine Pächter dürfen ohne meine Erlaubnis keine Hecke roden, ich kümmere mich sehr um den Schutz der Landschaft. Mit 400 Jahren Geschichte im Rücken überlegt man sich sorgfältig, was man tut. Bauern ohne emotionale oder historische Bindungen an ihr Land wollen nur immer größere Felder, höhere Erträge, die reißen die Hecken einfach raus.«

Der Herr auf Holkham Hall: Reitet er jetzt über die Felder? Studiert seine alten Meister? Segelt in der Karibik? »Ich sitze die meiste Zeit im Büro«, sagt der Landlord. Von morgens acht bis abends sechs. Seine Vorfahren im 19. Jahrhundert hatten 40 Diener allein im Haus; Sir Edward muß dankbar sein, wenn seine Köchin da ist und die drei Putzfrauen kommen. Wenn sie Gäste haben, mieten sie einen Butler. Lord Coke ist Bezirksrat, Vorsitzender oder Vize zahlreicher Verbände: der Country Landowners Association, der Historic Houses Association, des Trusts zur Erhaltung der Küste. Sein ungewöhnlichstes Amt: Postmeister Ihrer Majestät. Seit der 1. Earl of Leicester Generalpostmeister war, erbte jeder seiner Nachfahren das Amt des Sub-Postmaster, zugleich das Privileg, ein eigenes Postamt im Schloß zu unterhalten. Es liegt auf dem Weg zur alten Küche, das einzige private Postamt der Britischen Inseln. »Familien wie unsere waren immer aktiv im öffentlichen Dienst.« Politische Ambitionen? »Nein, noch nicht.« Vorerst sammelt er Spenden, »um die Konservativen an der Macht zu halten.« Vergebens, wie sich herausstellte. Lord Coke: ein Tory? Kein Whig wie seine streitbaren Ahnen? »I'm a Conservative«, sagt er; Sozialismus bedeute, der Staat kontrolliere alles, und davon halte er nichts.

Sir Edward hat drei Kinder. Der Älteste, Edward, studiert Kunstgeschichte in Manchester. Nicht in Oxbridge? »No, he ... ehm ... he wasn't bright enough.« Alter Adel allein zählt nicht mehr in New Britain. Auch Lady Coke hat die Ärmel hochgekrempelt. Mit zwanzig Mitarbeitern produziert sie in der ehemaligen Ziegelei des Schlosses höchst populäre Töpferware. Dafür wirbt sogar ein offizielles Ortsschild: Holkham Pottery. »Wenn ich einmal abtrete, möchte ich diesen Platz besser hinterlassen, als ich ihn übernahm.« Lord Coke blickt hinaus in den Park. Golfspieler, Picknick am See, ein paar Angler. Am Waldrand haben Jugendliche aus London ein Zeltlager aufgeschlagen, gratis. »I like it, I enjoy giving a public pleasure.«

Twitchers und Säbelschnäbler

Wo Nelson segeln lernte

Wir sind ein Inselvolk«, sagt Ann, meine Norfolker Wirtin. »Am Wochenende streben alle wie die Lemminge ans Meer. Drei Stunden Autofahrt, dann sitzen sie da, den Wagen zur See geparkt, und starren aufs Wasser, lesen Zeitung und schlafen ein, weil sie müde sind von der langen Fahrt. Und dann fahren sie wieder zurück in die Stadt.« Darum sind auch die dichtbesiedelten Gegenden der britischen Küste zwischen den Parkplätzen meist menschenleer.

Englands einsamste Küste liegt im Norden von Norfolk. Keine Klippen, keine weißen Strände, nur Sand- und Kiesbänke und endlose Marsch, mit unzähligen Buchten, Prielen, Kanälen, labyrinthisch, amphibisch. Wild und rauh ist diese Küste, von eigenartiger Schönheit, fremd und kalt wie ein Feuerstein. Dies ist Englands arktische Küste. Manchmal stürmt es tagelang ohne Unterbrechung, so stark, daß das solide Wirtshausschild des »White Horse« in Blakeney horizontal hängt. Wer hier segeln lernt, muß Trafalgar nicht fürchten. Von dieser Küste stammt Nelson, *the Norfolk Hero.*

Zwischen Weybourne und Holme verläuft die Küstenstraße eine Meile vom Meer entfernt. Sie trennt die Marschwiesen von den Hügeln des Hinterlandes, den

Klippen einer früheren Küste. Entlang der Straße die Marschdörfer mit ihren Flinthäusern und Flintkirchen: Cley-next-the-Sea, Blakeney, Stiffkey, Wells-next-the-Sea. In den alten Cottages der Fischer und Bauern leben nun Rentner, Pendler und Sommergäste. Die Einheimischen ziehen meist in billigere Gemeindewohnungen oder weg in die Städte, wo es mehr Arbeit gibt.

Häuser mit geschwungenen Giebeln, flämische Ziegelsteine und Dachpfannen, eine Windmühle am Rand des Rieds: Cley-next-the-Sea wirkt wie ein holländisches Hafenstädtchen. In den Wiesen neben der Windmühle lag im Mittelalter der Hafen von Cley, nun längst versandet. Von dort wurde Nord-Norfolks Wolle exportiert, aus dem Nachbarort Salthouse das Salz, das man an der Küste gewann. Vom einstigen Wohlstand Cleys zeugt die Perpendicular-Kirche auf einer Anhöhe außerhalb des Dorfes, mit dem Blick über das Glaven-Tal auf die Hügelkirche von Wiveton. Weinlaub und Anker, geflügelte Stundengläser und gekrönte Totenschädel schmücken die alten Grabsteine. Lakonischer Grabvers eines Leichenbeschauers: »He lived and died / by suicide.«

Von Cley führt ein Weg hinaus in die Marsch, an grasenden Kühen vorüber ans Meer. Hoch hat die Flut ihre Geröllbänke aufgeschüttet. Wie auf der Tribüne von Epsom stehen sie da an manchen Tagen, dichtgedrängt, Ferngläser im Anschlag, vor sich Stative mit modernsten Teleskopen, neben sich die Thermosflasche. Stundenlang stehen sie so und starren gebannt aufs Meer. Eine Regatta? Ein Flottenmanöver? Ein Schiffsuntergang? »Avocets«, sagt einer, ohne sein Glas abzusetzen: Säbelschnäbler. *Twitchers* nennt man diese Vogel-Freaks, die sich von gemeinen Ornithologen durch ihren sportlichen Ehrgeiz unterscheiden. *Twitchers* wollen so viele seltene Vögel wie möglich sehen. Ein eigener Telefonservice, die *Bird Line,* hält sie in ständiger Alarmbereitschaft, und kaum wird irgendwo ein rarer Vogel gesichtet, stellen sich auch die *twitchers* ein, oft von weither, manchmal zu Hunderten an einer einzigen Stelle. Die Marschen und Buchten zwischen Cley und Holme gehören zu ihren bevorzugten Revieren.

Kormorane und Vogelflug. Wind aus Nordost. *Flinty light,* funkelndes Licht von Norfolk, klares, silbriges Küstenlicht. Ich gehe am Flutsaum entlang nach Westen. Bei jedem Schritt, bei jeder Welle das Knirschen und Rieseln der Steine, ein elegisches Geräusch, als liefe man durch eine riesige Sanduhr. Melancholie, deine Küste heißt Norfolk. Fünf Kilometer schiebt sich Blakeney Point hinaus ins Meer, eine Landzunge aus Geröll und Dünen und tausend Vogelstimmen, nördlichster Punkt der Norfolk-Küste, East Anglias Land's End. Im Frühsommer nisten hier Seeschwalben und andere Küstenbrüter, im Herbst fallen die Schwärme der Zugvögel ein, im Winter Brandenten und Sumpfvögel in großer Zahl.

Blakeney Point gehört dem National Trust, der über 2 600 Hektar dieser Küste besitzt. Der Norfolk Naturalists Trust verwaltet die Marschen von Cley und Holme. Der Nature Conservancy Council wiederum kümmert sich um Englands größtes Küsten-Naturschutzgebiet, die Marschen und Dünen zwischen Stiffkey und Burnham Overy, Eigentum der Cokes von Holkham Hall. Als *Area of Outstanding Natural Beauty* steht die gesamte Küste von Nord-Norfolk unter der Aufsicht der Countryside Commission, mit zwölf besonders ausgewiesenen Naturschutzgebieten. Als sei das alles noch nicht genug, hat man dem kostbaren Feuchtstreifen den Ehrentitel *Heritage Coast* verliehen. Dies ist die Küste der *green wellie people*, der Gummistiefel- und Windjackenzunft, der Seeasternfreunde und Rohrdommelhüter. Abends sitzen sie dann mit sturmroten Backen vor ihrem Norfolk Bitter, im Pub »The Harnser« in Cley oder im »Moorings« in Wells.

Lord Nelson, »der bekannte Schläger-zur-See« (Arno Schmidt), stammt aus einem gottverlassenen Nest in den Rübenfeldern von Norfolk. Burnham Thorpe liegt abseits der Küstenstraße, in den flach gewellten Hügeln westlich von Holkham Hall. Ein paar Häuser aus Flint, der Geruch von Jauche und Meer. Vom Turm der Dorfkirche weht auch an friedlichen Sommertagen die Flagge der Kriegsmarine. All Saints ist die einzige Kirche im Königreich, die diese Fahne aus Nelsons Zeiten und zu Nelsons Ehren hissen darf. Aus Eichenplanken der *Victory*, seinem Flaggschiff in der Schlacht von Trafalgar, sind Lesepult und Kruzifix gezimmert. Patriotische Frauen der Gemeinde haben die Gebetskissen mit dem Bild der *Victory* bestickt; die echte Reliquie ist im Hafen von Portsmouth zu besichtigen.

Nelsons Vorfahren waren Landpfarrer, nicht etwa Seeleute. Horatio kam als sechstes von elf Kindern im Pfarrhaus von Burnham Thorpe zur Welt. Da sein Geburtshaus schon zu Lebzeiten abgerissen wurde, treffen sich die Nelson-Fans früher oder später im »Lord Nelson«, der einzigen Kneipe des Dorfes, gleich neben dem Kramladen »Trafalgar Stores«. Nun gibt es über 200 Nelson-Pubs in England; manche heißen lapidar »The Hero« oder »The

Norfolk Hero«. Das Wirtshaus von Burnham Thorpe aber sucht seinesgleichen. »Das ist meine Wohnung«, erklärt Les Winter, der Wirt, als ich in dem kleinen Schankraum vergebens die Theke suche. »Solche Pubs gab es früher in jedem Dorf, und jeder braute sein eigenes Bier.« Ich setze mich auf eine der Bänke mit den hohen Rückenlehnen. »Sie sitzen auf demselben Holz wie Nelson«, sagt der Landlord. Mit Marinebildern, Schlachtszenen und Porträts seines Helden hat Les Winter seine Kneipe ausgestattet, als sei's eine Filiale des National Maritime Museum in Greenwich. Auch Nelsons letztes Gebet vor der Schlacht von Trafalgar hängt an der Wand des Pubs. Nur der pensionierte Pfarrer von Burnham Thorpe gibt dem selbsternannten Nelson-Experten gelegentlich Contra. Ihr Lieblingsstreit: Wo wurde Nelson geboren? »Im Pfarrhaus«, glaubt Reverend Cecil Isaacson. »In der Shooting Lodge«, behauptet Les Winter. In der ehemaligen Scheune am River Burn soll Catherine Nelson entbunden haben, als sie auf dem Weg ins Pfarrhaus von den Wehen überrascht wurde. Von dieser Theorie hielt der prominente Zoologe Lord Zuckerman begreiflicherweise überhaupt nichts: Baron Zuckerman wollte seine Ruhe, solange er in der Shooting Lodge lebte.

Nelson besuchte die Lateinschule von North Walsham und die Domschule von Norwich. Kaum dreizehn Jahre alt, geht er zur Handelsmarine: ein schwächlicher Knabe, der unter Seekrankheit leidet. *Poor Horatio,* wundert sich sein Onkel Maurice, Kapitän der *Raisonable,* warum will der arme Kerl ausgerechnet zur See? »Aber laßt ihn nur kommen«, schreibt er an Nelsons Eltern, »vielleicht reißt ihm schon beim ersten Gefecht eine Kanonenkugel den

Kopf ab, und schon hat er ausgesorgt.« *Poor Horatio* indes ist entschlossen, ein Held zu werden. Jahrelang kreuzt er zwischen England und Westindien, heiratet unterwegs, nicht ohne die klassische Warnung an die Seemannsbraut, »that salt water and absence always wash away love«. Noch einmal kehrt er nach Burnham Thorpe zurück, ein Kapitän ohne Schiff. Fünf frustrierende Jahre lang bestellt Nelson seinen Acker, besucht seine Verwandten, die Schwester Susannah in Wells, die vornehmen Walpoles in Wolterton Hall, macht sich Gedanken über das elende Leben der Landarbeiter und will doch nur eins: zur See, zum Ruhm.

Endlich, 1793: Krieg mit Frankreich. Nelson wird Kapitän der *Agamemnon.* Im Pub von Burnham Thorpe, der damals noch »The Plough« hieß, feiert Horatio Abschied von Familie und Freunden. In sein Heimatdorf kehrt er nun nicht mehr zurück; aber auch in den großen Häfen vergißt er nicht seine Herkunft. Vom Mittelmeer schreibt Nelson an seine Frau nach England: »Die *Agamemnon* ist in ganz Europa so wohlbekannt wie Mr. Harwoods Boote in Overy.«

Overy Staithe war der Hafen für Burnham Market und die anderen Burnhams. Damals gingen hier noch große Schiffe vor Anker. Heute ist der Hafen versandet, ein Feriendorf für Segler. Im Pub »The Hero« gibt es frischen Krabbensalat; an der Wand der obligate Trafalgar-Stich. Malerisch liegen die Yachten im Schlick der Mäander-Mündung. Vom Kai führt ein Damm weit hinaus in die Marsch, am Wasser entlang bis ans offene Meer. Gun Hill heißt die letzte Düne. An dieser Küste, in den tückischen Prielen, zwischen Sand- und Kiesbänken lernte Nelson navigieren. Hier gewann er jene Sicherheit, auch in flachen Gewässern zu manövrieren und Napoleons Flotte 1798 in der Bucht von Abukir von der Landseite her anzugreifen. Für diesen Sieg ernannte ihn der König zum *Baron Nelson of the Nile and of Burnham Thorpe.* Blutige Schlachten, bittere Siege: Bei der Belagerung von Calvi verliert er sein rechtes Auge, seinen rechten Arm in Santa Cruz. So wird Nelson zum Krüppel und zum Helden der Nation: »Saviour of the silver-coated isle/Shaker of the Baltic and the Nile« (Tennyson).

In Les Winters Kneipen-Museum in Burnham Thorpe fehlen natürlich auch nicht Bilder der schönen Emma Hamilton. Von der Tochter eines Schmieds aufgestiegen zur *fille de joie* in Vauxhall Gardens, vom Malermodell zum Star der Salons, zur Frau des Gesandten Lord Hamilton, zur Mätresse Nelsons: was für eine Frau! Goethe schwärmte von ihr in Neapel (»Ein schönes Weib, das Meisterstück des großen Künstlers«), Tischbein malte sie als Niobe, Romney als Circe, Kassandra, Iphigenie: was wäre Nelson ohne sie? Vergebens bat er »King and country« in seinem Testament um Unterstützung für seine Mätresse. Alkohol und Armut überschatteten Lady Hamiltons letzte Jahre. Aber Nelsons »Beloved Emma« blieb populär bis heute: Harrods schmückte ein ganzes Schaufenster zum Erscheinen ihrer Biographie, und die schwarze Katze des Malers Edward Bawden hieß Emma Nelson.

Einer seiner Flottenkapitäne schenkte ihm 1798 einen Sarg, gezimmert aus dem Holz des Hauptmastes des französischen Schlachtschiffs *L'Orient,* das Nelson vor Abukir versenkt hatte. Ein makabres Souvenir, das er seitdem in seiner Kajüte ständig mit sich führte. In diesem Sarg trug man den Sieger von Trafalgar 1805 an Land. Nelson wollte in seinem Heimatdorf begraben werden, hatte er testamentarisch verfügt, »unless the King decrees otherwise«. König George III. entschied anders: *the Norfolk Hero* kam in die Krypta von St. Paul's, sein Holzsarg in einen Marmor-Sarkophag, der ursprünglich für Kardinal Wolsey bestimmt war. Auf einer Säule aus Granit, 170 Fuß über dem Trafalgar Square, bestreitet Admiral Nelson nun sein letztes Gefecht gegen die Tauben, Touristen und Abgase der City.

Nelson sicherte Englands Herrschaft über die Weltmeere, und Burnham Thorpe bekam eine Nelson Hall. Dort, vor der vergoldeten Büste ihres Helden, treffen sich am *Trafalgar Day*, am 21. Oktober, die Mitglieder der Nelson Society aus aller Welt. Ihr Präsident: Peter John Horatio, 9. Earl of Nelson, direkter Nachfahre des Admirals, Kriminalbeamter im Ruhestand. Nach dem Trafalgar-Gedenkgottesdienst brechen die Mitglieder der Society, meist pensionierte Marineoffiziere, zum Picknick in die Umgebung auf: nach Burnham Market, wo Nelsons Tochter Horatia heiratete; nach Wells-next-the-Sea, wo Nelsons Frau Fanny eine Zeitlang lebte; am liebsten aber nach Overy Staithe, wo auch der Herzog und die Herzogin von Kent ihre Segelyacht haben. Die feineren Mitglieder der Nelson Society indes treffen sich im exklusiven Royal West Norfolk, dem Golfclub in der Marsch von Brancaster. Dort schlägt Lord Astor seine weißen Bälle in die Einsamkeit.

Sandringham

Wo die Queen Silvester feiert

Auf dem Parkplatz Busse aus dem ganzen Königreich. Auf dem Rasen Picknick-People wie beim Epsom Derby. Vor dem Eingang lange Schlangen, als ginge es zur Nofretete-Ausstellung: Sandringham im Sommer, das Landschloß der Queen, südlich der Lavendelfelder von Heacham. Nichts besichtigt die englische *Middle class* lieber als die Herrenhäuser ihres Adels, am liebsten die Schlösser Ihrer Majestät: von Osborne auf der Isle of Wight bis hinauf zum schottischen Balmoral. Nach Sandringham pilgern in der Saison täglich rund 2 000 Royalisten und andere Touristen.

»Please wipe your feet«, mahnt ein Schild am Eingang. Ich schüttle meinen bürgerlichen Staub von den Schuhen. Gleich das erste Ausstellungsstück, eine viktorianische Waage mit ledergepolstertem Sitz, vermittelt die tröstliche Einsicht: Königliche Hoheiten hatten zweifellos größere Gewichtsprobleme als ihre Untertanen, denn sie aßen üppiger und öfter. Auf Mahagonitischen und in Glasvitrinen das Porzellan, das sie noch heute benutzen: Meißen, Kopenhagen, Royal Worcester. Brüsseler Gobelins aus dem 17. Jahrhundert, Stuckdecken, große Spiegel, edwardianische Eleganz: Wenn die Queen jetzt einträte, in Schottenrock und Rollkragenpullover, wie die

Ansichtskarten am königlichen Kiosk sie zeigen, oder einfach mit Kopftuch – die Illusion von Sandringham wäre irgendwie gestört. Aber die Queen kommt erst zu Silvester, zur Fasanenjagd im Januar.

Ursprünglich hatte das Schloß 365 Räume. Etwas viel, fand die Königin, ließ einen Flügel abreißen und öffnete ihren Landsitz erstmals 1977 dem Publikum. Das war volkstümlich und machte sich auch sonst bezahlt. Heute hat Sandringham nur noch 274 Räume; fünf sind zu besichtigen. Es sind die, die auch die Königsfamilie benutzt. Die restlichen Räume stehen Gästen und Personal zur Verfügung. Sandringham beschäftigt 120 Angestellte. Wer meint, das sei feudal, den erinnert Gutsverwalter R.S. French an bessere, an Edwards Zeiten: »Damals hatten wir allein 50 Gärtner, jetzt haben wir nur noch 12.« Edward VII., genannt Bertie, war der erste königliche Hausherr von Sandringham. Queen Victoria hatte ihrem ältesten Sohn 1862 zur Volljährigkeit das ostenglische Gut geschenkt, in der vergeblichen Hoffnung, ihn vom Londoner Lotterleben abzubringen. Wenig später, frisch verheiratet mit Prinzessin Alexandra, hielt der Prinz von Wales hier Einzug. Bald war ihm das alte, georgianische Herrenhaus zu klein. Ein obskurer Londoner Architekt, A.J. Humbert, baute dem Thronfolger 1870 eine größere, neo-jakobeanische Residenz, mit vielen Giebeln und Kaminen. Jedes viktorianische Bahnhofshotel hat mehr Charme als dieses Konglomerat.

Um mehr *privacy* zu haben, ließ Edward VII. die Straße einen Kilometer vom Haus wegverlegen. In Sandringham empfing er Kaiser Wilhelm und Zar Nikolaus, hier gab Bertie glanzvolle Bälle und Jagdgesellschaften. Seine

Gewehre (und die seiner Nachfolger) füllen mehrere Schränke. Was die jagdfreudige Königsfamilie im Laufe der Zeit in Norfolk und auf ihren Tourneen durchs Empire so alles zusammenschoß – Antilopen, Tiger, Nashörner, Elefanten – diese *Big Game Trophies* hängen dicht gedrängt in vier Sälen des ehemaligen Kutschen- und Feuerwehrhauses. In diesem königlichen Kuriositätenkabinett sind, neben einer Sammlung von Krönungssouvenirs, auch die diversen Raubtierfelle gelandet, die der Queen auf Commonwealth-Reisen verehrt wurden; ebenso die Hochzeitsgeschenke aus Nigeria, ein paar Elefantenzähne. Abgeschnittene Pferdeschwänze, Hufe und Gebisse berühmter Vollblüter dokumentieren eine andere Leidenschaft des Königshauses. Shirley Heights heißt einer der prominenten Zuchthengste der Queen im Gestüt Sandringham. Vor dem Stall erinnert die Bronzestatue Persimmons an den legendären Epsom-Sieger, der seinem Besitzer Edward VII. genau 34 706 Pfund an Preisgeldern einbrachte, nach damaliger Währung rund eine Million Mark. Etwas bescheidener dagegen das Zubrot, das sich der Prinzgemahl und Poloreiter Philip in Sandringham mit seinem *Carriage driving centre* verdient. Hier kann man, unter Anleitung seines Trainers, für 70 Mark pro Stunde Kutschieren lernen.

Die jagende, reitende, motorisierte Königsfamilie: im Oldtimer-Museum von Sandringham sehen wir, neben Queen Victorias Rollstuhl, den Daimler Tonneau Zwei-Zylinder ihres Sohnes Edward aus dem Jahre 1900 – das erste von einem Mitglied des britischen Königshauses erworbene Auto (»still in good running order«). Wir sehen den holzgetäfelten Daimler Shooting Brake Georges VI.

von 1937, Queen Marys schwarz-grünen Sechs-Zylinder, mit dem sie in London einkaufen fuhr (»the Shopping Daimler«), und das Aston Martin-Miniaturmodell der beiden Prinzensöhne William und Harry.

Beständig vergrößerten die Windsors ihr Terrain, inzwischen auf rund 20 000 Acres. Die Königskinder erhielten eigene Häuser in der Umgebung von Sandringham. Seiner Lieblingstochter, Prinzessin Maud, schenkte Edward VII. zur Hochzeit Appleton Hall. Dort wurde ihr einziges Kind geboren, der norwegische König Olaf V. Als Edwards Sohn, der Duke of York (George V.), 1893 die deutsche Prinzessin Mary von Teck heiratete, erhielt er als väterliche Mitgift York Cottage, das frühere Gästehaus und heutige Gutsbüro von Sandringham. Auch in diesem »horrible little house« (Harold Nicolson) kam ein König zur Welt: George VI. Der benachbarte Landsitz Anmer Hall gehört einem Vetter Queen Elizabeths, dem Duke of Kent. Nebenan in Park House schließlich wurde Lady Diana geboren. Ihr Vater, Lord Spencer, war damals Rittmeister der Queen. Die Spencers hatten den einzigen beheizten Swimmingpool weit und breit; da haben sie sich kennengelernt, Prinz Charles und Lady Di. *Love in a cold climate.* »Dear Old Sandringham, the place I love better than anywhere else in the world«, schwärmte George V. Ungehemmt frönte er hier seiner Jagdlust. Es machte ihm nichts aus, an einem einzigen Tag tausend Rebhühner und Fasanen abzuknallen. Kritiker sagten, der König habe nie etwas anderes getan, als wehrlose Vögel zu töten und Briefmarken in seine Alben zu kleben. Seine erste Rundfunkansprache an die Nation hielt George V. Weihnachten 1932 von Sandringham aus.

25 Jahre später, aus demselben Anlaß, übertrug die BBC die erste Fernsehansprache Queen Elizabeths – wiederum aus Sandringham. Ein bizarres Kapitel Hof- und Mediengeschichte ereignete sich dort beim Tod Georges V. Der König, ein starker Raucher, lag mit einer qualvollen Erkrankung der Atemwege auf dem Sterbebett. Im Nebenzimmer wartete die Familie. Der 71jährige Monarch verdiene, »in Würde und Ruhe« zu sterben, befand sein Leibarzt, Lord Dawson: »Ich beschloß daher, das Ende zu bestimmen.« Dawson ließ die *Times* anrufen: man möge mit dem Andruck warten. Dann, um das Leiden des Königs zu verkürzen, injizierte er Morphium und Kokain. Kurz vor Mitternacht war George V. tot – rechtzeitig für die Schlagzeile der *Times* am nächsten Morgen, dem 20. Januar 1936. Denn der medienbewußte Arzt hatte, seinem Tagebuch zufolge, den Zeitpunkt so berechnet, »daß der Tod seine erste Bekanntgabe in den Morgenzeitungen erhalte, statt in dem weniger angemessenen Feld der Abendjournale«. Nachträglich bedankte und entschuldigte sich die *Times* 50 Jahre später in einem Leitartikel: »Sogar damals war es etwas ungewöhnlich, einen Hinweis auf den Tod des Königs von dem Mann zu bekommen, der ihn gerade tötete.« *Deadline*, Redaktionsschluß, sterbt schneller, Majestät! Über den Leibarzt Georges V. kursierte damals der populäre Vers: »Lord Dawson of Penn / Has killed many men. / That is why we sing / ›God Save the King‹.«

Unter der Sonnenuhr von Sandringham (»My time is in thy hand«) liegen die Lieblingshunde Queen Alexandras begraben: »Facie and Punchie my darling faithful little companions in joy and sorrow.« Etwas weiter im Gebüsch die Gräber von Brae, »a Gentleman among Dogs«, und

Sydney, »an honest worker«. In der Dorfkirche glitzert es wie in einem edwardianischen Ballsaal. Der Altar aus massivem Silber, 1911 von einem Amerikaner gestiftet, vergoldete Engel überall. Pracht muß sein, wenn Majestäten beten. Die rotgepolsterte Bank vorne rechts im Chor ist der Queen und ihrer Familie vorbehalten. Zur allerhöchsten Erbauung hat der viktorianische Bildhauer Sir Alfred Gilbert, Schöpfer der Eros-Statue von Piccadilly Circus, einen züchtigen St. Georg aus Elfenbein und Aluminium beigetragen (1892). Sieben Dörfer gehören zu den Gütern von Sandringham, Getreide- und Zuckerrübenfelder, Obstplantagen, Forstwirtschaft und die Jagdhunde- und Labradorzucht der Queen. Sehr populär sind die *Pick your own*-Äpfel Ihrer Majestät.[1] Im Park die Eichen, die jede Generation hier pflanzte, und die prunkvollen Norwich Gates, das gußeiserne Hochzeitsgeschenk der Stadt Norwich an Edward VII. Die neuesten Gitter sieht man nicht: elektronische Alarmkabel unter dem Rasen rund ums Schloß. Am Ende stehen die Besucher noch einmal Schlange und tragen beglückt und in Töpfen Begonien, Gloxinien und andere Blumen aus den königlichen Gärten nach Hause in ihre Vorgärten.

Viele britische Passionen treffen sich in Sandringham: die Garten- und Parkleidenschaft, das Vergnügen an Rennpferden, Oldtimern und jener raren Spezies, der *Royalty*. Sandringham, das ist der Königstraum des kleinen Mannes, der hier in demokratischer Selbstverständlichkeit und Selbstvergessenheit das Märchen der Monarchie erlebt, für 17 Mark Eintritt und zu bestimmten Öffnungszeiten.

[1] In exklusiven Restaurants und Delikatessenläden gibt es seit Herbst 2000 königlichen Apfelsaft, Marke »Sandringham«.

Nachbemerkung

Als ich vor Jahren anfing, regelmäßig in East Anglia Urlaub zu machen, quittierten Freunde und Bekannte das mit anhaltendem Kopfschütteln. Südengland, Schottland, Wales, das war ja noch halbwegs verständlich. Aber East Anglia? Wo liegt das überhaupt?

Um meine offenbar abwegige Leidenschaft zu erklären, habe ich dann ein ganzes Buch geschrieben. Mit dem Kunstreiseführer »Ostengland« wollte ich eine der großen europäischen Kulturlandschaften vorstellen, die »jenseits des Kanals noch zu entdecken« sei. Dies war, wie sich zeigte, eine wiederum gänzlich abwegige Hoffnung. Das Buch ist seit einigen Jahren vergriffen, East Anglia immer noch kein Traumreiseziel. Der Handtuchkrieg mit den *Krauts* findet weiterhin auf Mallorca statt, gottlob nicht an den Stränden Ostenglands.

Meiner Frankfurter Verlegerin, der anglo- und felinophilen Ida Schöffling, ist das vorliegende Buch zu verdanken. Diese aktualisierte Textauswahl konzentriert sich auf die beiden Küstengrafschaften Suffolk und Norfolk, das eigentliche Kerngebiet East Anglias. Aus dem stockkonservativen Hinterland kamen mancherlei Freigeister, religiöse Dissenter, radikale Demokraten wie Thomas Paine, Sohn eines Quäkers und Korsettmachers aus Thetford. »Soviel sich vorhersehen läßt, kann vielleicht in der Folge Europa eine einzige große Republik bilden und der Mensch in dieser vollkommen frei sein.« Sätze aus Thomas Paines *Rights of Man* von 1791.

Warum fühle ich mich so wohl in East Anglia? Weil der Horizont dort weiter, das Licht klarer, die Luft reiner ist als andernorts? Weil die Sterblichkeitsrate in Ostengland weit unter dem nationalen Durchschnitt liegt? Ich weiß es nicht. Sehen Sie selbst: *Go East!*

Für großzügige Unterstützung danke ich vor allem Inge Hesel von der Reederei DFDS Seaways sowie ihren Kapitänen Kullack und Schiller, mit denen die Überfahrt zwischen Hamburg und Harwich stets ein Vergnügen war, das kein Eurotunnel ersetzen kann.

Hamburg, im Frühjahr 2001 PS

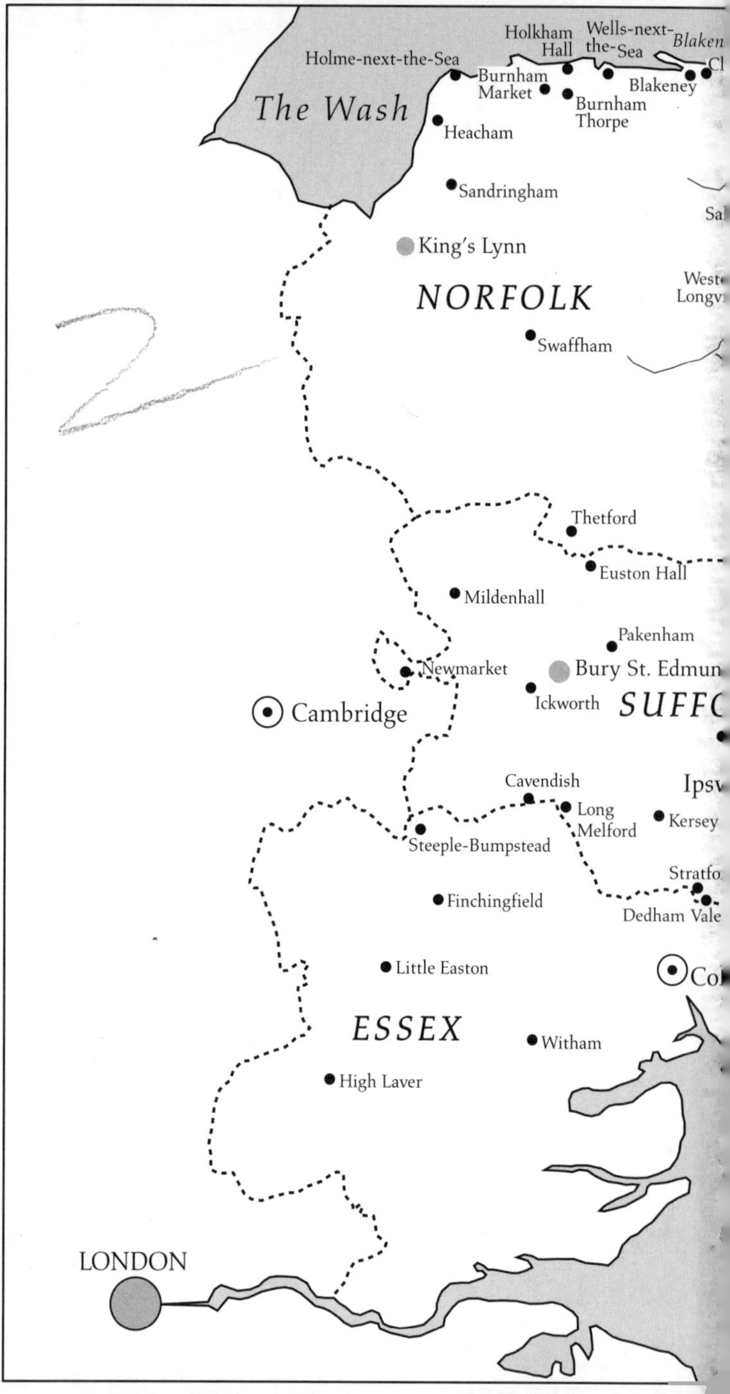
Holkham Hall
Wells-next-the-Sea
Blaken
Holme-next-the-Sea
Burnham Market
Blakeney
Burnham Thorpe
The Wash
Heacham
Sandringham
King's Lynn
NORFOLK
Swaffham
Thetford
Euston Hall
Mildenhall
Pakenham
Newmarket
Bury St. Edmun
Cambridge
Ickworth
SUFF
Cavendish
Long Melford
Kersey
Steeple-Bumpstead
Finchingfield
Dedham Vale
Little Easton
ESSEX
Witham
High Laver
LONDON